Complete FrenchSmart®

8

Popular Canada Parents' Club

To Our Valued Customers:

We would like to welcome you to join our Popular Parents' Club Rewards Program. By scanning the QR code above and signing up to become a member of "**Popular Canada Parents' Club**", you will enjoy the following benefits:

- free educational videos of learning tips by Canadian teachers
- our newsletter informing you of our most recent product releases
- promotional codes for exclusive discounts which can be used during your next purchase
- free educational printables
- eligibility to win a quarter end prize for an iPad
- eligibility to win a quarter end prize worth $100 in workbooks
- eligibility to win other gifts

Your Partner in Education,
Popular Book Company (Canada) Limited

ISBN: 978-1-77149-415-1

Contents

Les salutations   August 1st, 2022

Greetings

Vocabulaire : Les salutations

Révision : Les adjectifs démonstratifs

Grammaire : Les pronoms démonstratifs

> **Bonjour, Monsieur! Comment allez-vous?**
> *Hello, Sir! How are you?*

> **Salut! Comment vas-tu, Marie?**
> *Hi! How are you, Marie?*

A. Copiez les mots et les salutations.
Copy the words and the greetings.

Dire bonjour

salut	bonjour
hi	hello/good morning/ good afternoon

salut
sah·lew

bonjour
bohn·joor

Dire au revoir

bonsoir	au revoir
good evening/ good night	goodbye

bonsoir
bohn·swahr

au revoir
ohr·vwahr

Formal Greetings

Bonjour, Monsieur! Comment allez-vous?
Good morning/Hello, Sir! How are you?

Bonjour, Monsieur! Comment allez-vous?

Enchanté(e) de vous avoir rencontré(e).
It was nice to meet you.

Enchanté (e) de vous avoir rencontré

Au revoir, Madame/Monsieur!
Goodbye, Madam/Sir!

Au revoir, Madame/sir!

> **Bonjour, Madame! Comment allez-vous?**

> **Bien, merci.** *Good, thank you.*
> **Bien, merci**

Adieu!
Goodbye/Farewell!

Adieu!

Familiar Greetings

In formal greetings, "vous" is used instead of "tu" and the verbs must be conjugated accordingly:

formal: Comment **allez**-vous? ⌐ infinitive
familiar: Comment **vas**-tu? ⌐ "aller"

Salut! Comment vas-tu? Hi! How are you?

Salut! Comment vas-tu?

Ça va bien, merci, et toi? Good, thanks. And you?

Ça va bein, merci, et toi?

Ça va bien. Good.

Ça va bien.

à bientôt see you soon

à bientôt
ah byahn·toh

à plus tard see you later

à plus tard
ah plew tahr

B. Traduisez ce que chaque enfant dit.
Translate what each child is saying.

A Hi, Louis! How are you?

B Good morning! I'm good, thank you. And you?

C Good!

D See you later!

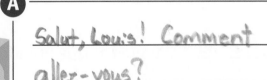

A
Salut, Louis! Comment allez-vous?

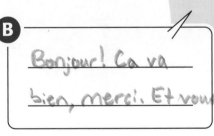

B
Bonjour! Ça va bien, merci. Et vous

C
Ça va bein

D
à plus tard

August 4, 2022

Les adjectifs démonstratifs
Demonstrative Adjectives

Demonstrative adjectives replace the articles "le/la/l'/les" and "un/une/des". They must agree in gender and number with the nouns they precede.

😊 singulier 😊		😊😊 pluriel 😊😊
• **Ce** crayon est bleu. This pencil is blue. • **Cet*** homme est gros. This man is big. **used with masculine singular nouns that start with a vowel*	• **Cette** abeille est jaune. This bee is yellow. • **Cette** fleur est belle. This flower is beautiful.	• **Ces** abeilles sont jaunes. These bees are yellow. • **Ces** enfants sont jeunes. These kids are young.

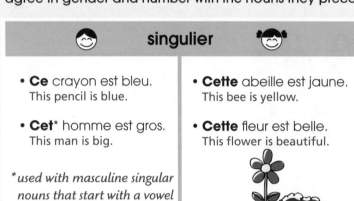

C. Remplissez les tirets avec les bons adjectifs démonstratifs.
Fill in the blanks with the correct demonstrative adjectives.

1. ___Ce___ jour-là j'étais vraiment fatigué.

2. ___Cette___ tente est très grande.

3. ___Cet___ élève intelligent lit beaucoup.

4. _____ filles ont peur des éclairs.

5. Je veux avoir ___Ce___ petit chat.

6. ___Ce___ garçon est très gentil.

7. _____ élèves vont à la bibliothèque chaque jour.

Les pronoms démonstratifs
Demonstrative Pronouns

Demonstrative adjectives accompany nouns (e.g. ce crayon) but demonstrative pronouns replace a previously mentioned noun (e.g. celui). They must agree in gender and number with the noun they replace.

	this one	those ones

e.g. <u>Ces fleurs</u> sont violettes et <u>celles</u>-là sont rouges.
　　　adj. noun (f.pl.)　　　　　　　　pronoun (f.pl.)

These flowers are purple and those ones there are red.

<u>Ce crayon</u>-ci est bleu et <u>celui</u>-là est rouge.
adj. noun (m.sg.)　　　　　　pronoun (m.sg.)

This pencil here is blue and that one there is red.

-ci : here
-là : there

singulier	celui	celle
pluriel	ceux	celles

D.　Complétez les phrases en utilisant les bons pronoms démonstratifs.
Complete the sentences using the correct demonstrative adjectives.

1.　<u>Ces enfants</u>-ci sont gentils, _____-là sont gentils aussi.

2.　<u>Ces fleurs</u>-ci sont jolies, _____ .

3.　Je remplis <u>ce verre</u>-ci, tu _____ .

4.　Vous préférez <u>ces animaux</u>-ci, nous _____ .

5.　J'envoie <u>cette lettre</u>-ci, vous _____ .

6.　Je dessine souvent <u>ce jardin</u>-ci, tu _____ .

7.　<u>Ces abeilles</u>-ci sont méchantes, mais _____ sont gentilles.

E. Écrivez le nom que le pronom démonstratif remplace.
Write the noun that the demonstrative pronoun replaces.

1.

Ces nuages-là sont très jolis!

Celui-ci est comme un ours!

_____

2.

Ce sandwich-ci est très bon!

Celui-ci est aussi très bon!

_____

3.

Est-ce que tu fais tes devoirs de maths?

Non, je fais *ceux* de français.

_____

4. Marie :   Prends-tu cet autobus?

Antonin : Non, je prends <u>celui</u> à 15 h.   _____

5. De quelle couleur voulez-vous peindre votre chambre? Cette couleur-ci ou <u>celle</u>-là?   _____

6. Arrachez ces plantes-ci; ce sont de mauvaises herbes. <u>Celles</u>-là sont des légumes.   _____

7. Nous aimons prendre le train, surtout <u>celui</u> à grande vitesse.   _____

F. Remplacez les noms soulignés par des pronoms démonstratifs.
Replace the underlined nouns with demonstrative pronouns.

1. Répondez-vous à la question de Zoé ou à <u>la question</u> d'Olivier?

_____

2. Je prends cette rue-ci et tu prends <u>cette rue</u>-là.

_____

3. Ce livre-ci est très intéressant, mais <u>ce livre</u>-là est inintéressant.

_____

4. Tes lunettes sont plus jolies que <u>ces lunettes</u>-là.

_____

5. Quel train prends-tu? Le train à 7 h ou <u>le train</u> à 8 h?

_____

G. Traduisez les phrases.
Translate the sentences.

1. | *I like this coat here. I don't like that one there.*

_____

_____

2. This dog here is small. That one there is big.

_____

3. These books belong to Claire. The ones there belong to Luc.

_____

4. We want the candies here. We don't want the ones there.

_____

Le voyage

Travelling

Vocabulaire : Le voyage et les préparations

Grammaire : Pronoms objets « y » et « en »

> **As-tu vraiment besoin de tous ces vêtements?**
> *Do you really need all these clothes?*

> **Bien sûr que j'en ai besoin!**
> *Of course I need them all!*

A. Rangez les mots français par ordre alphabétique pour trouver leur sens.
   Put the French words in alphabetical order to find their meanings.

1. _____ the airport

2. _____ the stop

3. _____ arrival

4. _____ departure

5. _____ the destination

6. _____ place, location

7. _____ passport

8. _____ the port

9. _____ the station

10. _____ suitcase

11. _____ the city

12. _____ the trip

la valise

l'aéroport (m.)

le voyage

l'arrêt (m.)

la ville

le passeport

le départ

l'arrivée (f.)

le port

la station

la destination

le lieu

B. **Identifiez les images et écrivez leur nom.**
Identify the pictures and write their names.

Ⓐ
Ⓑ
Ⓒ

Ⓓ
Ⓔ
Ⓕ

Ⓐ _____

Ⓑ _____

Ⓒ _____

Ⓓ _____

Ⓔ _____

Ⓕ _____

C. **Remplissez les tirets avec les mots donnés.**
Fill in the blanks with the given words.

destination	valises	l'aéroport	passeports
	arrêt	ville	voyage

Ma mère, mon ami et moi, nous allons à

_____ pour un _____ à Londres. Nous avons nos

vêtements dans nos _____ et nos _____ sont dans le

sac de ma mère. Moi, j'aime Londres même s'il ne fait pas toujours beau dans

cette _____ . Nous faisons un _____ à Dublin, mais

Dublin n'est pas notre _____ .

Bon voyage!
Have a good journey!

Le pronom « y »
The Pronoun "y"

In French, constructions that indicate a place can be replaced by the pronoun "y" meaning "there".

The pronoun "y" goes before the verb it accompanies.

Place constructions:

- à, au, à l', aux to
- à côté de beside
- près de close to
- chez at (someone's place)
- devant, derrière
  in front of, behind
- sous, sur, dans
  under, over, inside

+ **a place** (noun) ——— can be replaced by ——→ **"y"** there

e.g. Le gâteau est sur la table. The cake is on the table.
Le gâteau y est. The cake is there.

Replace "sur la table" with "y" and put "y" right before the verb.

Je vais à Londres. I am going to London.
J'y vais. I am going there.

Replace "à Londres" with "y" and put "y" right before the verb.

D. Récrivez les phrases avec le pronom « y ».
Rewrite the sentences with the pronoun "y".

1. Ils jouent souvent au soccer <u>à l'école</u>.

    _____

2. Je vais <u>au port de pêche</u> avec mon père.

    _____

3. Vous trouvez la carte <u>sur la table de cuisine</u>.

    _____

4. Nous attendons l'autobus <u>à l'arrêt</u>.

    _____

5. Marie va <u>chez le médecin</u> à pied.

    _____

Le pronom « en »
The Pronoun "en"

*The pronoun "en" goes before the verb it accompanies.

In French, words or constructions preceded by "de, du, de la, de l', des" can be replaced by the pronoun "en" generally meaning "of it, of them".

- de
- du
- de la
- de l'
- des

can be replaced by → **"en"**

e.g. Je mange de la salade. I eat some salad.
J'en mange. I eat some of it.

Replace "de la salade" with "en".

Attention!

Some verbs are always followed by "de". The indirect object of these verbs will always be replaced by "en".

e.g. parler de quelque chose → en parler
to talk about something   to talk about it

parler de
to talk about something

rêver de
to dream about something

avoir besoin de
to need something

avoir envie de
to feel like something

E.   Récrivez les phrases avec le pronom « en ».
Rewrite the sentences with the pronoun "en".

1.   Ils rêvent <u>du Canada</u>.

   _____

2.   Tu manges <u>de la soupe</u>.

   _____

3.   Il mange trop <u>de pizza</u>.

   _____

4.   J'ai <u>des livres</u>.

   _____

5.   Vous avez peur <u>du gros chien</u>.

   _____

6.   Nous avons besoin <u>des raquettes</u> pour jouer au tennis.

   _____

7.   Marie parle beaucoup <u>de mon nouveau vélo</u>.

   _____

F. **Remplissez les tirets avec les pronoms « y/en ».**
Fill in the blanks with the pronouns "y/en".

Mon jardin est très joli cet été. J'_____ travaille tous les jours. J'_____ plante une fleur de plus chaque jour. J'ai beaucoup de fleurs, mais je n'ai pas de violettes. Je veux _____ acheter parce que je viens de planter des pensées qui sont d'un violet pâle. J'_____ ai rêvé pendant la nuit et aujourd'hui j'ai décidé d'aller au marché de fleurs pour _____ acheter. En fait, je vais _____ aller tout de suite!

G. **Complétez la réponse à la question avec le bon pronom.**
Complete the answer to each question with the correct pronoun.

1. Est-ce que Marie mange <u>du chocolat</u>?

   Oui, elle _____ mange.

2. Vas-tu <u>à la bibliothèque</u>?

   Oui, j'_____ .

3. Est-ce que le lait est <u>dans le réfrigérateur</u>?

   Oui, il _____ .

4. Avez-vous besoin <u>d'un dictionnaire</u>?

   Oui, nous _____ .

5.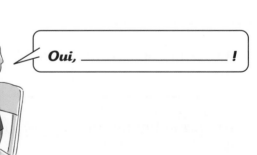

   Veux-tu <u>des biscuits</u>?

   Oui, _____ !

In the negative form, "ne" directly follows the subject and "pas, plus, jamais, point" go after the conjugated verb. "Y" and "en" stay closest to the conjugated verb.

Follow this structure:

n' (ne) + y / en + verb + pas / plus / jamais

e.g. 1. Ils mangent des frites.
Ils en mangent.
Ils n'en mangent pas.

2. Ils vont à l'école chaque jour.
Ils y vont chaque jour.
Il n'y vont pas chaque jour.

H. Lisez les questions et complétez les réponses au négatif.
Read the questions and complete the answers in the negative.

1. Est-ce que vous parlez <u>de vos devoirs</u>? (ne...pas)

   Non, nous _____ en parlons _____ .

2. Est-ce que tu as besoin <u>de ce stylo</u>? (ne...plus)

   Non, je _____ .

3. Est-ce qu'elle rêve toujours <u>du prince charmant</u>? (ne...point)

   Non, elle _____ .

4. Est-ce qu'ils attendent <u>dans la cuisine</u>? (ne...plus)

   Non, ils _____ .

5. Est-ce que la boucherie est <u>à côté de la boulangerie</u>? (ne...plus)

   Non, elle _____ .

6. Vas-tu <u>à l'école</u> la nuit? (ne...jamais)

   Non, je _____ .

Les expressions avec « avoir »

Expressions with "Avoir"

Vocabulaire : Les expressions avec « avoir »

Compréhension : « L'été s'approche! »

> **Jean, j'ai soif!**
> *Jean, I'm thirsty!*

Jean a peur de sa sœur.
Jean is afraid of his sister.

Susanne a sommeil.
Susanne is sleepy.

A. **Conjuguez le verbe « avoir » à la bonne personne et récrivez l'expression.**
Conjugate the verb "avoir" to the right person and rewrite the expression.

1. avoir chaud to be hot

   Nous _____ .

   Le bébé _____ .

2. avoir froid to be cold

   Mimi _____ .

   Didier et Martin _____ .

3. avoir raison to be right

   Vous _____ .

   J'_____ .

4. avoir tort to be wrong

   Rémi et Anne _____ .

   Vous _____ .

5. avoir soif to be thirsty

   Elles _____ .

   Le chameau _____ .

6. avoir honte to be ashamed

   J'_____ .

   Tu _____ .

7. avoir envie de to feel like

   Vous _____ nager.

   Samuel _____ de manger du chocolat.

8. avoir mal à to hurt/have a pain in

   Elle _____ à la gorge.

   Nous _____ aux dents.

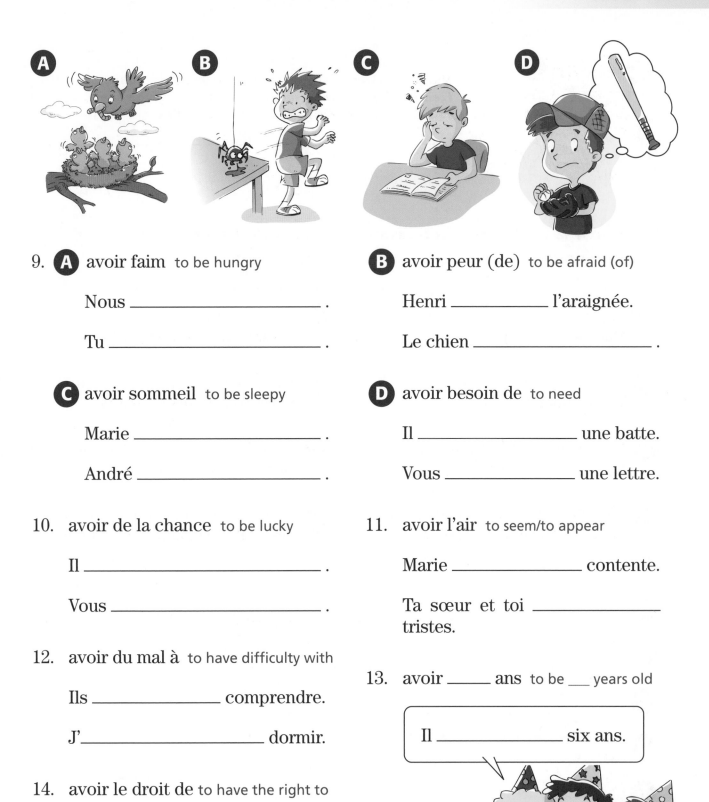

9. **A** avoir faim to be hungry

   Nous _____ .

   Tu _____ .

B avoir peur (de) to be afraid (of)

   Henri _____ l'araignée.

   Le chien _____ .

C avoir sommeil to be sleepy

   Marie _____ .

   André _____ .

D avoir besoin de to need

   Il _____ une batte.

   Vous _____ une lettre.

10. avoir de la chance to be lucky

   Il _____ .

   Vous _____ .

11. avoir l'air to seem/to appear

   Marie _____ contente.

   Ta sœur et toi _____ tristes.

12. avoir du mal à to have difficulty with

   Ils _____ comprendre.

   J'_____ dormir.

13. avoir ____ ans to be ___ years old

   Il _____ six ans.

14. avoir le droit de to have the right to

   Tu _____ jouer.

   Vous _____ stationner.

   Quel âge _____-t-il?

There are many different ways to express the same idea in French. The meanings might not be exactly the same, but you can communicate the same idea in different ways!

B. Récrivez les phrases en utilisant les expressions avec « avoir ».
Rewrite the sentences using the expressions with "avoir".

A Maurice est affamé.
Maurice is starving.

B Nous sommes terrifiés.
We are terribly scared (terrified).

C Vous êtes dans le vrai.
You are right.

D Didier et Jacques sont assoiffés.
Didier and Jacques are thirsty.

E Ma mère est âgée de 53 ans.
My mother is 53 years old.

F Je suis fatigué et à moitié endormi.
I am tired and half-asleep.

G Les mains de Jacqueline sont gelées.
Jacqueline's hands are freezing.

H Son front est brûlant de fièvre.
Her forehead is burning from fever.

A _____

B _____

C _____

D _____

E _____

F _____

G _____

H _____

Nous sommes terrifiés!

C. Remplissez les tirets avec les mots donnés.
Fill in the blanks with the given words.

1.

| besoin | chaud |
| mal |

Samuel a de la fièvre et il a _____ . Il a

aussi _____ partout. Je crois qu'il

a _____ de médicaments!

2. La météo a _____ . Il ne fait pas

chaud aujourd'hui, mais il fait très froid! Je

n'ai pas _____ de manger une crème

glacée du tout. En fait, j'ai _____

d'une chemise bien chaude!

envie

tort

besoin

3. Ils sont _____ ! Jean et Yves vont

manger une pizza entière parce qu'ils ont

vraiment _____ . Ils ont même un peu

_____ et ils ont déjà bu une bouteille

entière d'eau.

soif

faim

affamés

4. **envie soif fatigués**

Marie et Jean ont beaucoup marché aujourd'hui.

Ils ont _____ et ils sont _____ .

Ils ont _____ de boire de l'eau.

D. Lisez le passage et répondez aux questions qui suivent.
Read the passage and answer the questions that follow.

> # L'été s'approche!
> Summer is almost here!

Aujourd'hui c'est lundi. À 8 h du matin, Olivier se réveille assoiffé. Il entre dans la salle de bain pour chercher de l'eau. Il a vraiment₁ soif. Il boit un verre d'eau, mais il a toujours chaud. Il a envie de porter son chandail vert avec son short bleu. Pourtant₂, il a du mal à trouver ses vêtements et il est obligé₃ de porter son chandail rouge. À l'école, Olivier a très chaud parce que son chandail rouge est un chandail d'hiver très épais₄ alors que l'été est presque₅ là. Son visage est brûlant et il commence à transpirer₆. Il a encore besoin d'un verre d'eau bien froide, mais il doit attendre la fin de sa classe. Après l'école Olivier va au parc pour jouer au soccer comme d'habitude₇. Il y va toujours avec Henri, Pierre et Marc, mais aujourd'hui Pierre a mal à la jambe et il doit rester à la maison. Olivier, Henri et Marc continuent quand même à jouer. Olivier a porté son tee-shirt de soccer numéro 7 et il n'a plus chaud. Tout le monde profite₈ du temps. Finalement₉, l'été s'approche₁₀!

1. *vraiment* : truly, really	2. *pourtant* : nevertheless
3. *obligé, obligée* : forced, without a choice	4. *épais, épaisse* : thick
5. *presque* : almost	6. *transpirer* : to perspire
7. *comme d'habitude* : as usual	8. *profiter de* : to make the most of
9. *finalement* : finally	10. *s'approcher* : to get closer

1. Quel jour est-il et quand est-ce qu'Olivier se réveille?

   _____

2. Comment est-ce qu'Olivier se sent quand il se réveille?

   _____

3. Où est-ce qu'il cherche de l'eau?

   _____

4. Qu'est-ce qu'il a envie de porter aujourd'hui?

   _____

5. Pourquoi est-ce qu'il est obligé de porter son chandail rouge?

   _____

6. Comment se sent-il à l'école? Pourquoi?

   _____

7. D'habitude, qu'est-ce qu'il fait après l'école?

   _____

8. Aujourd'hui, qui est-ce qui joue au soccer avec Olivier?

   _____

9. Est-ce que Pierre est là aussi? Pourquoi?

   _____

10. Olivier, qu'est-ce qu'il porte quand il joue au soccer?

    _____

11. Que veut dire « profiter du temps »? Traduisez-le en anglais.

    _____

Les professions

Careers

Vocabulaire : Les professions

Grammaire : Les pronoms relatifs

« qui/que »

Voilà la petite seringue!
Here is the little syringe!

A. **Recherchez dans votre dictionnaire le genre opposé de chaque métier.**
Search in your dictionary for the opposite gender of each profession.

a doctor
un médecin
euhn mehd·sahn

1. _____

an author
un auteur
euhn oh·tuhr

2. _____

a lawyer
un avocat
euhn ah·voh·kah

3. _____

a dentist
un dentiste
euhn daan·teest

4. _____

an artist
un artiste
euhn ahr·teest

5. _____

a police officer
un policier
euhn poh·lee·syeh

6. _____

a firefighter
un pompier
euhn pohm·pyeh

7. _____

an actor
un acteur
euhn ahk·tuhr

8. _____

9. _____
a nurse
une infirmière
ewn ahn·feer·myehr

10. _____
a baker
une boulangère
ewn boo·laan·jehr

11. _____
a postwoman
une factrice
ewn fahk·treess

12. _____
a mechanic
une mécanicienne
ewn meh·kah·nee·syehn

13. _____
a driver
une conductrice
ewn kohn·dewk·treess

14. _____
a waitress
une serveuse
ewn sehr·vuhz

15. _____
a singer
une chanteuse
ewn shaan·tuhz

16. _____
a scientist
une scientifique
ewn syaan·tee·feek

B. **Remplissez les tirets avec le bon métier.**
Fill in the blanks with the correct professions.

| les facteurs | acteurs | les avocats |
| les artistes | le médecin | |

1. Quand nous somme malades, nous allons

    chez _____ . Il nous

    prescrit des médicaments et il guérit nos

    maladies.

2. _____ pensent toujours

    à la loi et à la justice. Ils protègent la société contre l'injustice.

3. _____ exposent leurs œuvres dans les musées et dans les

    galeries d'art. Ils créent de l'art.

4. _____ distribuent le courrier. Au Canada, ils travaillent

    pour le service postal « Postes Canada ».

5. Au cinéma, nous regardons le jeu des _____ à l'écran. Ils

    peuvent travailler dans les films, à la télévision ou même dans les pièces

    de théâtre.

Le pronom relatif « qui »
The Relative Pronoun "Qui"

Relative pronouns are used to link two sentences in order to avoid repetition and give more information about a noun. The relative pronoun "qui" refers to a previously mentioned noun and it is the subject of the **verb** that follows.

e.g. Je travaille dans un restaurant. <u>Ce restaurant</u> est très réputé.
                                        subject

I work in a restaurant. This restaurant is very famous.

refers to

Je travaille dans <u>un restaurant</u> qui est très réputé.
I work in a restaurant that is very famous.

C. Combinez les deux phrases avec le pronom relatif « qui ».
Combine the two sentences with the relative pronoun "qui".

1. Renée aime la chanteuse. Cette chanteuse chante des chansons d'amour.

    _____

2. Le conducteur monte dans son autobus. Cet autobus est très grand.

    _____

3. Ce sont des acteurs. Ces acteurs ont beaucoup de talent.

    _____

    _____

4. C'est un pompier. Ce pompier est très courageux.

    _____

    _____

Le pronom relatif « que »
The Relative Pronoun "Que"

Like "qui", the relative pronoun "que" refers to a previously mentioned noun in a sentence. It functions as an object and it is always followed by a **noun** or a **pronoun** while "qui" is always followed by a **verb**.

e.g.   C'est un bon restaurant. Nous aimons <u>ce restaurant</u>.
                                                    object

This is a good restaurant. We like this restaurant.

C'est un bon restaurant que nous aimons.
This is a good restaurant that we like.

> When "que" is followed by a noun that starts with a vowel, it becomes " qu' ".
>
> e.g.   C'est un problème qu'il veut éliminer.

D.   Combinez les deux phrases avec le pronom relatif « que ».
Combine the two sentences with the relative pronoun "que".

1.   C'est un livre de français. Marie veut avoir ce livre.

   _____

2.   C'est une lettre. La factrice va distribuer cette lettre.

   _____

3.   Ce sont des chansons. Le chanteur aime ces chansons.

   _____

4.   Le boulanger fait des croissants. Mon frère aime ses croissants.

   _____

5.   Mme Leblanc me donne des bonbons. Lucie n'aime pas ces bonbons.

   _____

E. **Remplissez les tirets avec « qui/que ».**
Fill in the blanks with "qui/que".

La fille _____ tu vois est ma grande sœur. C'est elle _____ m'aime₁

le plus au monde; et c'est elle _____ j'adore! C'est une fille tellement belle

_____ nul₂ artiste ne peut dessiner. C'est elle _____ m'accompagne₃

partout et c'est elle _____ j'aime le plus. Mes meilleures amies _____

connaissent ma sœur sont d'accord₄ avec moi. Elle est vraiment la meilleure!

1. me : me (direct object pronoun)	*2. nul, nulle : no, not any*
3. m'accompagner : to keep me company	*4. être d'accord : to agree*

F. **Expliquez ce que chaque personne fait en utilisant « qui/que ».**
Explain what each person does using "qui/que".

1. un musicien / jouer de la musique

    Un musicien est un homme _____ joue de la musique.

2. une chanteuse / le chef d'orchestre guide la chanteuse

    _____

3. un facteur / distribuer les lettres

    _____

4. une artiste / créer de l'art

    _____

5. un scientifique / étudier les sciences

    _____

G. **Encerclez le nom que le pronom relatif représente. Ensuite traduisez la phrase.**

Circle the noun that the relative pronoun is representing. Then translate the sentence.

1. Mme Smith va à (la banque) qui est au premier étage.

   Mrs. Smith is going to _____

   _____

2. Théo, qui adore les fruits, regarde la pomme qu'il va manger après dîner.

   _____

3. L'autobus, que tu prends pour aller à l'école chaque jour, ne vient pas pendant la fin de semaine.

   _____

4. L'artiste, qui est dans la rue, utilise des couleurs que je n'aime pas.

   _____

5. Les musiciens, qui jouent du violon, sont dans la salle qui est au deuxième étage.

   _____

6. La chanteuse, que ma mère adore, est celle que j'aime le moins.

   _____

Les expressions avec « faire »

Expressions with "Faire"

Oui, il faut les faire.
Yes, they must be done.

Vocabulaire : Les expressions avec « faire »

Grammaire : Le pronom « on »

Expressions : « Il faut + infinitif »

« On doit + infinitif »

Tu dois faire la vaisselle!
You have to do the dishes!

A. Copiez les mots qui prennent le verbe « faire ».

Copy the words that take the verb "faire".

— Faire...
To do...

le ménage to clean the house	***du sport** to do sports	**du magasinage** to shop
luh meh·nahj	*dew spohr*	*dew mah·gah·zee·nahj*
la vaisselle to do the dishes	**la danse** to do a dance	**des courses** to go shopping
lah veh·sehl	*lah daans*	*deh koors*
la lessive to do the laundry	**une promenade** to go for a walk	**des achats** to make purchases
lah leh·seev	*ewn proh·muh·nahd*	*deh zah·shah*

du camping to go camping

dew kaam·peen

un feu to make a fire

euhn fuh

un pique-nique to go on a picnic

euhn peek·neek

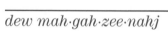

*Some nouns are preceded by "de" when used with "faire".

du vélo
to go biking

dew veh·loh

de la lecture
to read

duh lah lehk·tewr

du canotage
to go boating

dew kah·noh·tahj

la cuisine
to cook

lah kwee·zeen

un gâteau
to bake a cake

euhn gah·toh

bouillir
to boil

boo·yeer

les devoirs
to do homework

leh duh·vwahr

un somme
to take a nap

euhn sohm

une remarque
to make a comment

ewn ruh·mahrk

la fête to party

lah feht

une faute to make a mistake

ewn foht

une promesse à (quelqu'un)
to make a promise to (someone)

ewn proh·mehs ah

mal à (quelqu'un) to hurt (someone)

mahl ah

pleurer (quelqu'un) to make someone cry

pluh·reh

attention à (quelque chose)
to be careful, take care

ah·taan·syohn ah

B. Écrivez la bonne forme du verbe « faire ».
Write the correct form of the verb "faire".

« faire »	
je	fais
tu	fais
il/elle	fait
nous	faisons
vous	faites
ils/elles	font

1. Le film _____ pleurer les spectateurs.

2. Je veux _____ une promesse à ma sœur.

3. _____ attention! Vous allez vous _____ mal!

4. Ma sœur _____ toujours un feu de camp quand nous _____ du camping.

C.   Regardez l'image et répondez à la question en utilisant une expression avec « faire ».

Look at the picture and answer the question using an expression with "faire".

Answer each question from the speaker's perspective.

Q : « Que fais-tu? »

1. _____

Q : « Que faites-vous? »
A : _« Nous faisons la fête. »_

Q : « Que faites-vous? »

2. _____

Q : « Que fait-elle? »

3. _____

Q : « Que faisons-nous? »

4. _____

Q : « Que fait-il? »

5. _____

Q : « Qu'est-ce qu'elle fait? »

6. _____

D. Traduisez les phrases en français.
Translate the sentences into French.

1. I make a promise to Susie. _____

2. We are doing sports. _____

3. He is shopping. _____

4. They are baking a cake. _____

5. You (pl.) are partying. _____

6. Onions make my dad cry. _____
les oignons

7. I have to make a fire. _____

8. She just made a comment. _____

E. Mettez les lettres dans le bon ordre pour compléter l'histoire.
Put the letters in the correct order to complete the story.

Aujourd'hui c'est samedi et Yves a beaucoup de choses à faire. D'abord,

il doit faire sa 1._____ (evlisse); ensuite, à 11 h il doit aider

sa mère à faire les 2._____ (sscuore) et ils doivent rendre

visite à sa grand-mère qui fait toujours des 3._____ (eauâtgx).

Enfin, il doit faire ses 4._____ (vriosed) avant de se coucher.

D'habitude, Yves fait un petit 5._____ (mmeso) à

13 h, mais ce samedi, il ne va pas en faire puisqu'il s'est fait une

6._____ (sseporme) de faire du

7._____ (prsot) pour rester en forme.

Au lieu de faire un somme, ce samedi il va au parc

avec Thomas pour jouer au basket-ball!

Grammaire

Le pronom sujet « on »
The Subject Pronoun "on"

The subject pronoun "on" is treated just like "il/elle". Verbs conjugated with "on" take 3rd person singular endings. "On" has various meanings:

We	On est contents de vous voir. We are happy to see you.
They	En France, on mange beaucoup de viande. In France, they eat a lot of meat.
Someone	On vous demande au téléphone. Someone is asking for you on the phone.
One	On ne doit jamais insulter les autres. One must never insult others.

> *Bonjour, Monsieur Écureuil! Comment est-ce qu'on peut vous aider?*
> *Hello, Mr. Squirrel! How can we help you?*

F.   **Remplacez le sujet de la phrase par « on ». Faites les changements nécessaires.**

Replace the subject of each sentence with "on". Make the necessary changes.

1.   Nous faisons du vélo.   On _____ du vélo.

2.   Marie et Jean font des courses.   _____

3.   Tout le monde doit faire une promesse.   _____

4.   Lucie et son chien font une promenade.   _____

5.   Nous faisons une grande faute.   _____

6.   Vous devez faire attention aux enfants.   _____

7.   Quelqu'un est à la porte.   _____

Expressions

En anglais :
In English

One	
We	must
They	has/have to	+ infinitive
You	need(s) to

En français :
In French

Il faut + infinitif
On doit + infinitif

> *Il faut faire le ménage à fond!*
> *You need to clean the house from top to bottom!*

When used with "falloir", "il" becomes impersonal and it expresses an obligation. "Il faut" and "on doit" have very similar usages.

e.g.   Il faut manger. = On doit manger.
        We/You/They/One must eat.

G.   Écrivez la même phrase de deux façons possibles : avec « On doit » et « Il faut ».

Write the same sentence in two possible ways: with "On doit" and "Il faut".

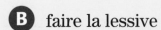 **A** manger des légumes   **B** faire la lessive
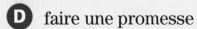 **C** attendre le train   **D** faire une promesse
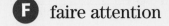 **E** faire ses devoirs   **F** faire attention

A _____   _____

B _____   _____

C _____   _____

D _____   _____

E _____   _____

F _____   _____

Le transport

Transportation

Vocabulaire : Les moyens de transport

Grammaire : La comparaison

Je suis le plus rapide.
I am the fastest.

A. Remplissez les tirets avec le bon mot.
Fill in the blanks with the correct words.

 l'avion
lah·vyohn

 la voiture
lah vwah·tewr

 le train
luh trahn

 le vélo
luh veh·loh

 l'autobus
loh·toh·bews

 le camion
luh kah·myohn

 la motocyclette
lah moh·toh·see·kleht

 le taxi
luh tahk·see

1.   Je vais à la gare pour prendre _____ de Montréal à Ottawa.
     the train

2.   Le cycliste monte sur son _____ et commence à pédaler.
     bicycle

3.   L'homme d'affaires attend _____ au bord de la rue.
     the taxi

4.   Elle met son casque et démarre _____ .
     the motorcycle

5.   Ils vont à Toronto en _____ .
     plane

6.   Le conducteur ouvre les portes de _____ .
     the bus

7.   Ma mère attache toujours sa ceinture dans _____ .
     the car

8.   _____ livre des produits à l'épicerie.
     the truck

B. **Écrivez la bonne lettre dans chaque cercle.**

Write the correct letter in each circle.

A la montgolfière
hot-air balloon

B la poussette
stroller

C un ballon dirigeable
airship

D l'hélicoptère
helicopter

E le tracteur
tractor

F les patins à roulettes
rollerblades

G le bateau
boat

H l'ambulance
ambulance

C. **Mettez les moyens de transport ci-dessus dans le bon groupe.**

Put the modes of transportation above in the correct groups.

1 Ceux qui volent dans le ciel :

_____

_____

_____

2 Ceux qui roulent sur terre :

_____

_____

_____

_____

3 Ceux qui flottent sur l'eau :

_____

La comparaison
The Comparison

Adverbes	Comparatifs	Superlatifs
+ plus/- moins	+ plus/- moins...que	le/la/les* plus/moins
Zoé marche $\frac{plus}{moins}$ vite.	Zoé est $\frac{plus}{moins}$ belle **que** Cloé.	Zoé est $\frac{la\ plus}{la\ moins}$ belle.
Zoé walks $\frac{more}{less}$ fast.	Zoé is $\frac{more}{less}$ pretty than Cloé.	Zoé is $\frac{the\ most}{the\ least}$ pretty.
= aussi	= aussi...que	* The article must agree in number and gender with the noun it describes.
Zoé parle aussi vite.	Zoé est **aussi** belle **que** Cloé.	
Zoé speaks just as fast.	Zoé is as pretty as Cloé.	

Some adjectives go before the noun and some go after it. Regardless of the position of the adjectives, the comparative and the superlative adverbs are always placed before the adjectives they describe.

e.g. **le plus gros** livre ← adjective before the noun
le livre **le plus intéressant** ← adjective after the noun

D. Lisez les phrases et écrivez la bonne forme de l'adjectif.

Read the sentences and write the correct form of the adjectives.

1. Nicolette est très effrayée. Marie et Alice sont un peu effrayées.

   • Nicolette est _____ Marie et qu'Alice.

   • Nicolette est _____ .

2. Sylvie est un peu inquiète. Paulette est très inquiète.

   • Sylvie est _____ Paulette.

   • Paulette est _____ Sylvie.

3. Jacques est très triste. Jérôme est très triste aussi, mais Richard est déprimé.

   • Jacques est _____ Jérôme.

   • Richard est _____ Jacques.

   • Richard est _____ .

Les comparatifs et superlatifs irréguliers
Irregular Comparative and Superlative Adjectives

	Adjectif	Comparatif	Superlatif
m.	bon(s)	meilleur(s)...que	le/les meilleur(s)
f.	bonne(s)	meilleure(s)...que	la/les meilleure(s)
	good	better than	the best
m.	mauvais	pire(s)...que	le/les pire(s)
f.	mauvaise(s)	pire(s)...que	la/les pire(s)
	bad	worse than	the worst

Make sure the adjectives always agree in gender and number with the noun they describe.

e.g. L'équipe jaune est bonne, l'équipe verte est meilleure, mais l'équipe rouge est la meilleure!

The yellow team is good, the green team is better but the red team is the best.

E. **Utilisez les noms et les adjectifs donnés pour construire des phrases comparatives semblables à l'exemple des trois équipes ci-dessus.**

Use the given nouns and adjectives to make comparative sentences similar to the example of the three teams above.

1. la robe rouge / la robe blanche / la robe jaune (bon)

   _____

2. le petit kiwi / le kiwi moyen / le grand kiwi (mauvais)

   _____

3. le train A / le train B / le train C (rapide)

   _____

4. Sarah / Julie / Catherine (joli)

   _____

F.   Lisez le passage et répondez aux questions.
Read the passage and answer the questions.

Auguste passe à côté d'un vélo aussi grand que le sien dans la rue. Il s'arrête et il l'observe un peu. « Mon vélo est beau, mais celui-ci est le plus beau vélo au monde! », se dit-il. Gabrielle, qui possède₁ le joli vélo, sort d'un magasin et voit Auguste près de son vélo. « Bonjour, Auguste!», dit-elle, « Aimes-tu mon nouveau vélo? » « Il est chouette₂! », répond Auguste, « On dit que ce vélo est le plus rapide vélo au monde! » Gabrielle ajoute₃ : « Il est aussi le plus confortable₄. Regarde! Le siège₅ est plus moelleux₆ que les nuages. Il est le meilleur. »

Auguste n'est plus de bonne humeur₇ parce qu'il voit que son vélo est plus lourd et moins rapide que celui de Gabrielle. Mais tout d'un coup, il se souvient de son père; c'est lui qui l'a donné à Auguste pour son anniversaire. « Peut-être que mon vélo n'est pas aussi rapide que celui de Gabrielle, mais il est beaucoup plus spécial! », se dit-il. Il pédale vers sa maison et ce jour-là, son vélo était rapide comme le vent!

---

1. *posséder : to own*
2. *chouette : great, nice (familiar language)*
3. *ajouter : to add*
4. *confortable : comfortable*
5. *le siège : the seat*
6. *moelleux, moelleuse : soft*
7. *être de bonne humeur : to be in a good mood*

1. Auguste, où est-ce qu'il s'arrête?

    _____

2. Qu'est-ce qu'il se dit quand il voit le vélo dans la rue?

    _____

3. Qui est-ce qui possède ce vélo?

    _____

4. Est-ce que c'est un vieux vélo?

    _____

5. Qu'est-ce qu'on dit à propos du vélo de Gabrielle?

    _____

6. Qu'est-ce qui est plus moelleux que les nuages?

    _____

7. Pourquoi est-ce qu'Auguste n'est plus de bonne humeur?

    _____

8. Pourquoi le vélo d'Auguste est-il si spécial?

    _____

9. Son vélo est comparé à quoi? Pourquoi?

    _____

La Francophonie

The French-speaking World

Vocabulaire : La culture francophone

Grammaire : « savoir » vs « connaître »

Anne's French Community Centre

> **Bonjour mes amis francophones! Commençons notre discussion en français!**
> *Hello, my francophone friends! Let's start our French discussion!*

A. Copiez les mots.
Copy the words.

Le français peut être... The French language can be...

une langue maternelle a mother tongue	**une langue officielle** an official language	**une langue de culture** a cultural language
ewn laang mah·tehr·nehl	*ewn laang oh·fee·syehl*	*ewn laang duh kewl·tewr*

une communauté
a community

ewn koh·mew·noh·teh

une organisation
an organization

ewn ohr·gah·nee·zah·syohn

un groupe
a group

euhn groop

la majorité
the majority

lah mah·joh·ree·teh

la minorité
the minority

lah mee·noh·ree·teh

un centre
a centre

euhn saantr

une langue
a language

ewn laang

un dialecte
a dialect

euhn dyah·lehkt

un accent
an accent

euhn ahk·saan

> **Sais-tu parler français?**
> *Do you know how to speak French?*

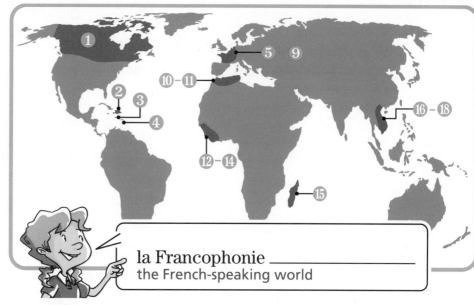

la Francophonie _____
the French-speaking world

1 le Canada
Canada

_____

luh kah·nah·dah

2 Haïti
Haiti

_____

ah·ee·tee

3 Sainte-Lucie
Saint Lucia

_____

sahnt·lew·see

4 la Martinique
Martinique

_____

lah mahr·tee·neek

5 la Belgique
Belgium

_____

lah behl·jeek

6 le Luxembourg
Luxembourg

_____

luh lewk·saam·boor

7 la France
France

_____

lah fraans

8 la Suisse
Switzerland

_____

lah sweess

9 Monaco
Monaco

_____

moh·nah·koh

10 le Maroc
Morocco

_____

luh mah·rohk

11 l'Algérie
Algeria

_____

lahl·jeh·ree

12 le Sénégal
Senegal

_____

luh seh·neh·gahl

13 la Guinée
Guinea

_____

lah gee·neh

14 la Côte d'Ivoire
the Ivory Coast

_____

lah koht dee·vwahr

15 Madagascar
Madagascar

_____

mah·dah·gahs·kahr

16 le Laos
Laos

_____

luh lah·ohs

Quels pays francophones voulez-vous visiter?
Which francophone countries do you want to visit?

_____

17 le Vietnam
Vietnam

_____

luh vyeht·nahm

18 le Cambodge
Cambodia

_____

luh kaam·bohj

B. **Remplissez les tirets avec les mots donnés.**
Fill in the blanks with the given words.

majorité
dialecte
centre
communauté

1. Un bâtiment où les francophones peuvent se rencontrer est un _____ francophone.

2. Une _____ francophone est une ensemble des gens qui parlent français.

3. La forme régionale d'une langue parlée parmi un groupe s'appelle un _____ .

4. En Suisse, la plupart des gens parlent allemand.

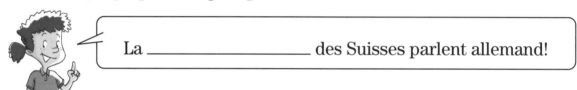

La _____ des Suisses parlent allemand!

C. **Écrivez le nom de deux pays francophones qui se trouvent sur chaque continent.**
Write the names of two francophone countries that are on each continent.

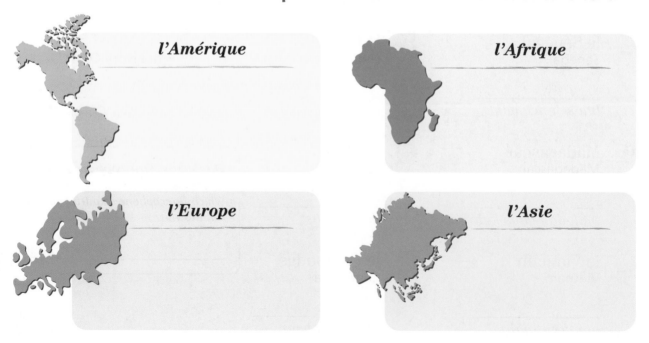

l'Amérique

l'Afrique

l'Europe

l'Asie

« Savoir » vs « connaître »
"To know" vs "to be acquainted with"

"Savoir" and "connaître" both mean "to know". "Savoir" is used to express knowledge of something that has been learned. "Connaître" is used to express an acquaintance or familiarity with someone or something.

	savoir to know	connaître to be acquainted with
je	sais	connais
tu	sais	connais
il/elle/on	sait	connaît
nous	savons	connaissons
vous	savez	connaissez
ils/elles	savent	connaissent

> *Je sais parler français.*
> *I know how to speak French.*

> *Je connais quelques pays francophones.*
> *I am familiar with some francophone countries.*

D. Remplissez les tirets avec la bonne forme du verbe « savoir / connaître ».
Fill in the blanks with the correct form of the verb "savoir / connaître".

1. Alain ne _____ pas ce livre français.

2. Nous _____ qu'il est d'origine suisse.

3. Elle _____ plusieurs membres de l'organisation.

4. Thierry et Florence _____ parler italien.

5. Je _____ la sœur de Susie.

6. Vous _____ bien la communauté francophone de Toronto.

7. Tu _____ toutes les réponses!

E. Lisez le passage et répondez aux questions.
Read the passage and answer the questions.

Les communautés francophones du monde entier ont formé₁ l'Organisation internationale de la Francophonie (OIF). Tous les membres de cette organisation connaissent la langue française. Certains₂ utilisent le français comme langue officielle, plusieurs autres₃ l'utilisent comme langue maternelle et il y a aussi des gens qui l'utilisent comme langue de culture.

Par exemple₄, au Canada le français est une des deux langues officielles alors qu'en France il est la seule₅ langue officielle. En France, la plupart₆ des gens utilisent le français comme langue maternelle. Au Cambodge, le français est une langue de culture. Il faut aussi ajouter qu'il existe plusieurs dialectes du français qui sont parlés dans le monde.

On peut dire que l'OIF cherche à soutenir₇ la culture et la langue française dans le monde. Sa devise₈ : « égalité, complémentarité, solidarité! » montre bien les objectifs de l'organisation.

1. Quel est le statut de la langue française au Canada?

   _____

2. Qu'est-ce qu'on cherche à faire à l'OIF?

   _____

3. Quelle est la langue maternelle de la plupart des Français? Est-ce qu'il y a des variations de cette langue dans le monde?

   _____

4. À quoi correspond l'abréviation OIF? Quelle est la devise de cette organisation?

   _____

1. *ont formé : have formed*	2. *certains : some (people)*	3. *plusieurs autres : many others*
4. *par exemple : for example*	5. *seul(e) : only, alone*	6. *la plupart (de) : most (of)*
7. *soutenir : to support*	8. *la devise : the slogan*	

F. Cochez le bon cercle.
Check the correct circle.

1. Je connais...

  ◯ qu'il y a des francophones au Laos.

  ◯ la position de tous les pays francophones sur la carte.

2. Nous savons...

  ◯ qu'en Égypte le français est une langue de culture.

  ◯ ce dialecte du français; il est particulier au Nouveau-Brunswick.

3. Elle connaît...

  ◯ le plat national de l'Algérie : « le couscous ».

  ◯ qu'en Belgique le français est une langue officielle.

4. Ils savent...

  ◯ la langue maternelle de la plupart des Marocains.

  ◯ jouer au fanorona, un jeu traditionnel de Madagascar.

G. Traduisez les phrases en français.
Translate the sentences into French.

1. I am familiar with the francophone centre that you are looking for.

  _____

2. I know that the province of Quebec is francophone.

  _____

3. She knows the dialect of French that they speak in New Brunswick.

  _____

4. You (sg.) know how to dance the "mapakaté", the traditional dance of the Ivory Coast.

  _____

Les adverbes

Adverbs

Vocabulaire : Les adverbes

Grammaire : Les adverbes de manière

> **Les abeilles attaquent! Cours vite!**
> *The bees are attacking! Run fast!*

A. Copiez les mots.
Copy the words.

Les adverbes

 Quantité
Quantity

 Lieu
Place

Quantité	Lieu		
beaucoup a lot	ici here	là there	quelque part somewhere
_____ *boh·koo*	_____ *ee·see*	_____ *lah*	_____ *kehl·kuh pahr*
assez enough	loin far	près close/near	(ne) nulle part nowhere
_____ *ah·seh*	_____ *lwahn*	_____ *preh*	_____ *newl pahr*
moins less	environ about	dessus above	dessous under/below
_____ *mwahn*	_____ *aan·vee·rohn*	_____ *duh·sew*	_____ *duh·soo*
plus more	dehors outside	dedans inside	
_____ *plew*	_____ *duh·ohr*	_____ *duh·daan*	
peu little/not much	partout everywhere		
_____ *puh*	_____ *pahr·too*		

> **Je suis tout seul dehors!**
> *I am all alone outside!*

Temps
Time

Le grand cirque est finalement ici ce soir!
The big circus is finally here tonight!

hier yesterday	**toujours** always	**enfin** at last	
ee·yehr	*too·joor*	*aan·fahn*	
aujourd'hui today	**souvent** often	**puis** then	
oh·joor·dwee	*soo·vaan*	*pwee*	
demain tomorrow	**parfois** sometimes	**quelquefois** now and then	**tôt** early
duh·mahn	*pahr·fwah*	*kehl·kuh·fwah*	*toh*
maintenant now	**déjà** already	**bientôt** soon	**tard** late
maht·naan	*deh·jah*	*byahn·toh*	*tahr*

Négation/Affirmation/Doute
Negation/Affirmation/Doubt

Est-ce correct?
Is this correct?

oui yes	**si** yes of course	**non** no	**peut-être** maybe	**(ne)...pas** not
wee	*see*	*noh*	*puh·tehtr*	*(nuh) pah*

Manière
Manner

bien well	**mieux** better	**mal** badly	**pire** worse
byahn	*myuh*	*mahl*	*peer*
haut high/loudly	**bas** low/quietly	**vite** quickly	**lentement** slowly
oh	*bah*	*veet*	*laant·maan*

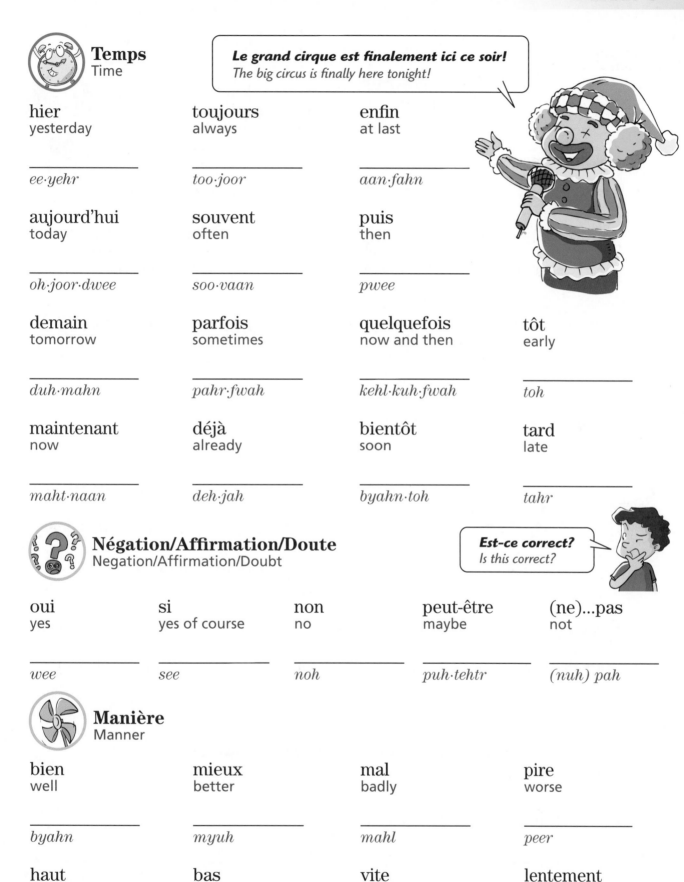

Grammaire

Les adverbes
Adverbs

> Adverbs never change form:
> they are invariable!

An adverb can modify...

• **a verb**	• **an adjective**	• **an adverb**
e.g. Nous mangeons <u>peu</u>. v. adv.	e.g. Je suis <u>plus</u> fatigué que toi. adv. adj.	e.g. Vous mangez <u>très</u> vite. adv. adv.
We eat little (not much).	I'm more tired than you.	You eat very fast.

In French, adverbs usually go before the adjectives and adverbs they modify, but they go after verbs.

Verb   adverb   adjective   adverb

B.   Remplissez les tirets avec le bon adverbe.
Fill in the blanks with the correct adverbs.

1.  Les enfants jouent _____ (outside).   Ils

   sont sur la plage, _____ (near) de l'océan

   et _____ (far) de la maison.

2. Il est _____ (already) 11 h, mais il est encore très _____ (early)

   pour Paul. Paul peut être paresseux (lazy) _____ (now and then).
   pah·reh·suh

C.   Mettez l'adverbe au bon endroit et récrivez la phrase.
Put the adverb in the correct place and rewrite the sentence.

1. Il est <u>gentil</u> et il va nous aider. (assez)

   _____

2. Nous <u>sommes</u> chez moi. (toujours)

   _____

D. Remplacez les adverbes soulignés par leur contraire. Ensuite traduisez cette phrase.

Replace the underlined adverbs with their opposites.
Then translate that sentence.

le raton laveur
the raccoon

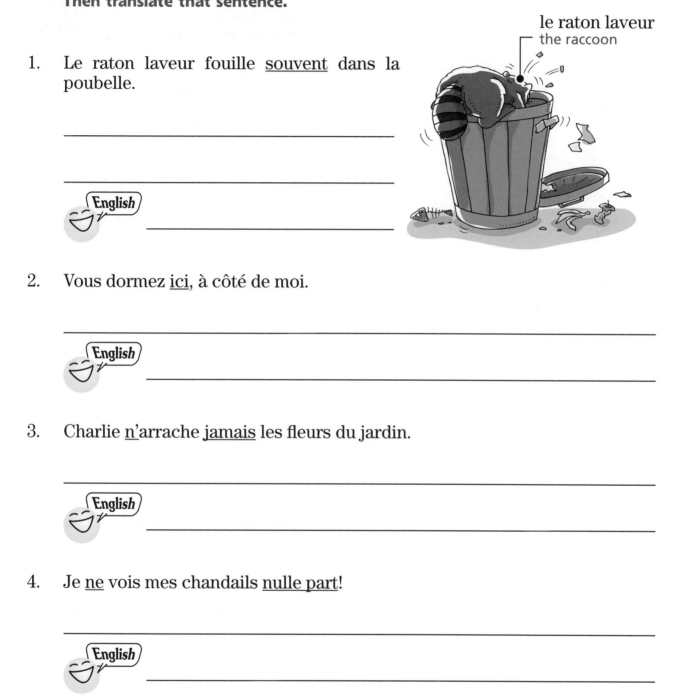

1. Le raton laveur fouille <u>souvent</u> dans la poubelle.

_____

_____

English _____

2. Vous dormez <u>ici</u>, à côté de moi.

_____

English _____

3. Charlie <u>n'</u>arrache <u>jamais</u> les fleurs du jardin.

_____

English _____

4. Je <u>ne</u> vois mes chandails <u>nulle part</u>!

_____

English _____

5. J'habite <u>loin</u> de l'école.

_____

English _____

Les adverbes de manière
Adverbs of Manner

> *Follow these rules to turn adjectives into adverbs!*

The general rule for changing an adjective into an adverb:
- take the feminine singular form of an adjective
- add "-ment" to the end

e.g.

dou**x** → douce → doucement
m.sg.   f.sg.   adv.
soft/gentle   softly/gently

+"-ment"

Exception: If the masculine singular form of the adjective ends in a **vowel**, you simply add "-ment" to the **masculine** form.

e.g.

vowel
↓
jol**i** → joliment
m.sg.   adv.
beautiful   beautifully

+"-ment"

E.   Transformez les adjectifs en adverbes et traduisez les adverbes en anglais.
Transform the adjectives into adverbs and translate the adverbs into English.

1. heureux heureuse _____
    happy
    _____

2. lent lente _____
    slow
    _____

3. courageux courageuse _____
    courageous
    _____

4. léger légère _____
    light
    _____

5. correct correcte _____
    correct
    _____

6. poli polie _____
    polite
    _____

7. sérieux sérieuse _____
    serious
    _____

8. calme calme _____
    calm
    _____

9. lourd lourde _____
    heavy
    _____

10. long longue _____
    long
    _____

11. vrai vraie _____
    true
    _____

12. facile facile _____
    easy
    _____

F. **Cochez la bonne forme de l'adverbe et écrivez l'adjectif correspondant.**
Check the correct form of the adverb and write the corresponding adjective.

1. _____
(adj.) m.sg.

- ◯ délicieuxment
- ◯ délicieusament
- ◯ délicieusement

2. _____
(adj.) m.sg.

- ◯ tristment
- ◯ tristement
- ◯ triment

3. _____
(adj.) m.sg.

- ◯ poliement
- ◯ politement
- ◯ poliment

4. _____
(adj.) m.sg.

- ◯ bizarrement
- ◯ bizarrment
- ◯ bizarment

5. _____
(adj.) m.sg.

- ◯ drôlment
- ◯ drôlement
- ◯ drôllement

6. _____
(adj.) m.sg.

- ◯ rapidment
- ◯ rapidement
- ◯ rapidemant

G. **Traduisez les phrases.**
Translate the sentences.

A The baby is playing happily.

_____

B At last, we are playing correctly.

_____

C I am waiting calmly for the bus.

_____

D Maybe we can walk more slowly today.

_____

La révision 1

La révision
- Les salutations
- Le voyage
- Les expressions avec « avoir »
- Les professions
- Les expressions avec « faire »
- Le transport
- La Francophonie
- Les adverbes

A. **Écrivez les mots à la bonne place.**
Write the words in the correct spaces.

| soif | dentiste | aujourd'hui | destination | envie |
| comment | mal | voyage | qui | ville | que |

A _____ allez-vous _____ ?

B La _____ de son _____ est la _____ de Toronto.

C Stéphane a _____ à la gorge. Il a très _____ et il a toujours

_____ de sommeiller.

D La _____ ____ je vais voir cette semaine arrache les mauvaises

dents ____ font mal à ses clients.

métro	devoirs	centre	vélo	communauté	souvent	pied
ici	dehors	faire	plus	le plus	doit	langue

E Elle _____ faire ses _____, mais elle est très fatiguée. On ne peut pas _____ de la lecture avec les yeux fermés!

F Julie prend son _____ à l'école, mais Marie doit prendre le _____ car elle habite _____ loin de l'école que Julie. Marianne habite _____ près. Elle y va à _____.

G Dans notre _____ francophone, nous apprenons la _____ française. Nous sommes une petite _____ francophone.

H Nous jouons _____ très _____. Nous aimons rester _____ parmi la nature.

B. Écrivez vrai ou faux.
Write true or false.

1. « Salut » est une salutation formelle. _____

2. Pour partir en voyage, nous avons besoin de valises. _____

3. « Avoir raison » est le contraire d' « avoir tort ». _____

4. Les auteurs travaillent dans les restaurants. _____

5. On fait les courses au centre d'achats. _____

6. On trouve le train à la gare. _____

C. Remplacez les mot anglais avec le bon mot français.
Replace the English word with the correct French word.

*1.*_____ , je m'appelle Maxime.   Je fais un *2.*_____ en *3.*_____ avec ma famille. *4.*_____ , il y a trois *5.*_____ : l'allemand, l'italien et le français.   Ma mère, elle *6.*_____ le français et l'italien.   Moi, je ne parle que français; c'est ma *7.*_____ . On *8.*_____ passer à la douane, montrer nos *9.*_____ , *10.*_____ chercher nos *11.*_____ . Devant *12.*_____ , nous ne voyons qu'un *13.*_____ . « Nous *14.*_____ ! », dit mon père.   « *15.*_____ ? », demande *16.*_____ .   « Au centre- *17.*_____ s'il vous plaît », dit ma mère en italien.   Mon père remarque que nous prenons la route *18.*_____ va à la campagne et dit : « Excusez-moi, mais est-ce que c'est la bonne direction? » « Pardon? », crie le monsieur, « Madame vient de me dire d'aller vers le Nord! » Soudain on entend maman *19.*_____ crie : « Oh, non! Vous *20.*_____ ! Je *21.*_____ ce qui ne va pas, je me suis trompée de mots! » Je *22.*_____ au conducteur si on était perdu et il répond : « On est plutôt perdu dans la traduction! Sinon je *23.*_____ bien les routes! »

1. hi	*2. trip*	*3. Switzerland*	*4. here*
5. official languages	*6. to know*	*7. mother tongue*	*8. must*
9. passports	*10. then*	*11. suitcases*	*12. the airport*
13. taxi	*14. to be lucky*	*15. destination*	*16. the driver*
17. city	*18. that*	*19. who*	*20. to be right*
21. to know	*22. to ask*	*23. to know*	

D. **Remettez le texte dans le bon ordre.**
Put the events from the text in order.

1. La famille cherche ses valises.
2. La famille se perd dans la campagne suisse.
3. Ils arrivent à l'aéroport en Suisse.
4. Maxime et sa famille passent à la douane.
5. Ils prennent le seul taxi qui se trouve devant l'aéroport.
6. L'inspecteur des douanes prend leurs passeports.
7. La mère fait une erreur de traduction.

_____

_____

_____

_____

_____

_____

E. **Encerclez le bon mot.**
Circle the correct word.

A Il fait...

une promenade. / de la lecture.

B Elle a...

soif. / faim.

C Nous le faisons...

rire. / pleurer.

D Elle a...

mal à la tête. / raison.

F. **Mettez la bonne lettre dans chaque cercle.**
Put the correct letter in each circle.

Enchanté... ◯

Nous prenons l'avion... ◯

Le centre francophone est... ◯

Les bateaux se trouvent... ◯

« Avoir soif » veut dire... ◯

Le mécanicien travaille... ◯

Le Canada est... ◯

Dehors, on fait... ◯

Le cuisinier... ◯

Quand on a chaud... ◯

A fait bouillir l'eau.

B avoir besoin d'eau.

C au port.

D pour aller en Afrique.

E un pays francophone.

F du camping.

G on nage dans le lac.

H de vous avoir rencontré.

I un endroit public.

J dans son garage.

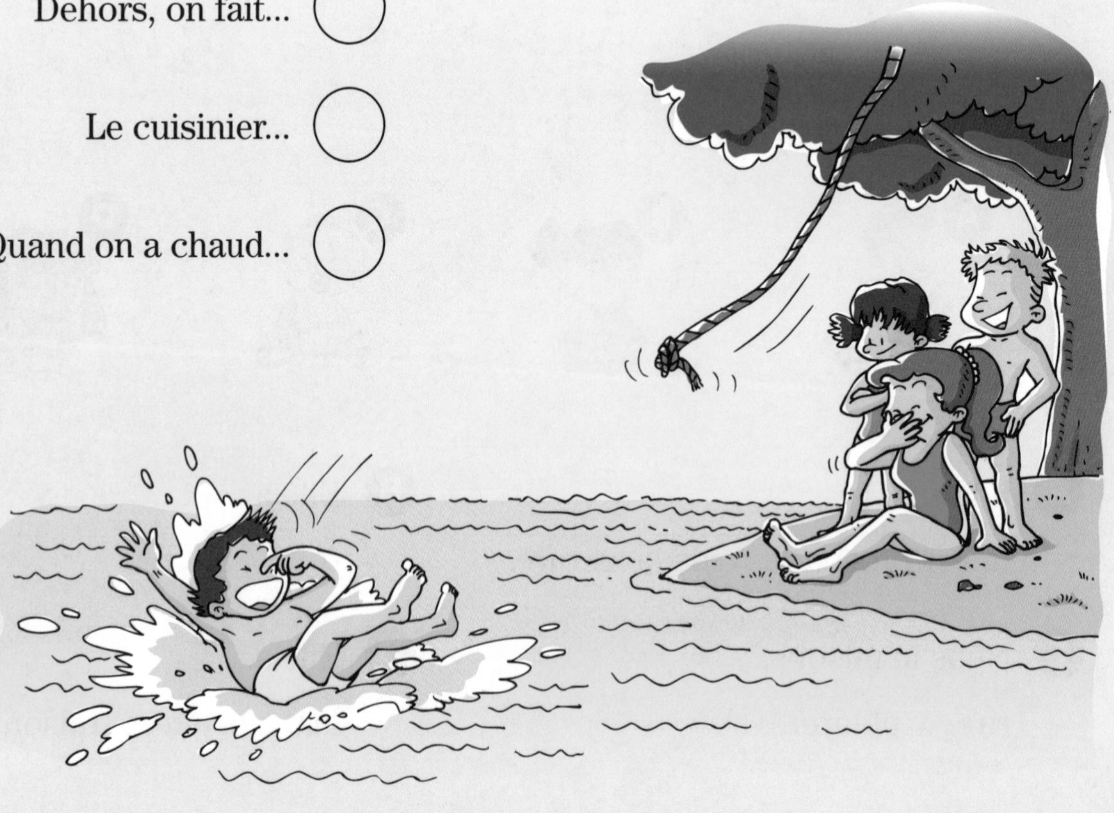

G. Rayez l'intrus.
Cross out the word that does not belong.

1	2	3	4
une station	une boulangère	un autobus	une majorité
un aéroport	une infirmière	une montgolfière	une langue
une valise	une médecin	un camion	un dialecte
un port	une chanteuse	une ambulance	un accent

5	6	7	8
le Maroc	moins	ce départ	les patins à roulettes
le Sénegal	peu	ce voyage	l'autobus
Haïti	dehors	cette valise	le vélo
l'Algérie	beaucoup	cet endroit	la motocyclette

H. Associez les mots qui conviennent.
Join the words that go together.

1. avoir chaud •   • bonsoir

2. un avocat •   • les courses

3. salut •   • la vaisselle

4. partout •   • nulle part

5. l'arrivée •   • avoir froid

6. la lessive •   • bonjour

7. au revoir •   • un policier

8. les achats •   • le départ

Le passé composé

The Past Tense

Vocabulaire : Les verbes transitifs

Les verbes intransitifs

Grammaire : Le passé composé

Qu'est-ce que tu as fait?
What did you do?

J'ai juste mangé quelques biscuits.
I just ate some cookies.

A. Copiez les mots.
Copy the words.

Transitif

Transitive verbs have **direct objects**. The direct object receives or experiences the action of the verb.

e.g. Elle <u>regarde</u> <u>les enfants</u>. She is looking (at) the children.
transitive verb   direct object

finir	savoir	lire	choisir
to finish	to know	to read	to choose
fee·neer	*sah·vwahr*	*leer*	*shwah·zeer*

croire	pousser	dire	aimer
to believe	to push	to say	to like
krwahr	*poo·seh*	*deer*	*eh·meh*

*In French, the transitive verbs below are not followed by a preposition, unlike in English.

chercher	demander	regarder
to look/search (for)	to ask (for)	to look (at)
shehr·sheh	*duh·maan·deh*	*ruh·gahr·deh*

attendre	payer	écouter
to wait (for)	to pay (for)	to listen (to)
ah·taandr	*pehyeh*	*eh·koo·teh*

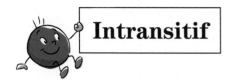

Intransitif

Intransitive verbs do not take a direct object. Instead, they sometimes take an **indirect object** preceded by a preposition, but often they simply appear alone.

e.g. Je <u>vais</u> <u>à l'école</u>.   Je <u>dors</u>.
intransitive verb indirect object   intransitive verb

tomber to fall	partir (de, à) to leave (from, to)	arriver (de, à) to arrive (from, to)	mourir to die
_____ *tohm·beh*	_____ *pahr·teer*	_____ *ah·ree·veh*	_____ *moo·reer*
venir (de, à) to come (from, to)	revenir (de, à) to return (from, to)	aller (à) to go (to)	rester to stay
_____ *vuh·neer*	_____ *ruh·vuh·neer*	_____ *ah·leh*	_____ *rehs·teh*

B. Écrivez « transitif » ou « intransitif » selon le verbe et encerclez l'objet direct si le verbe est transitif.

Write "transitive" or "intransitive" depending on the verb and circle the direct object if the verb is transitive.

1. Je crois son histoire.   _____

2. Tu vas revenir chez nous.   _____

3. Nous finissons nos devoirs.   _____

4. Elles vont à l'école.   _____

5. Marie mange une pomme.   _____

6. La balle tombe tout le temps.   _____

7. Je pousse la poussette de ma sœur.   _____

8. Nous attendons l'autobus chaque matin.   _____

9. Tu reviens de l'école avec ton frère.   _____

10. J'aime ma sœur, mes frères et toute ma famille. _____

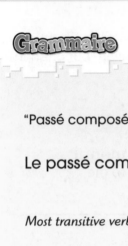

Le passé composé
The Past Tense

"Passé composé" expresses an action that was completed in the past. It is made of two parts.

Le passé composé : | **l'auxiliaire**
auxiliary verb
avoir/être | **+** | **participe passé** (p.p.)
past participle

Most transitive verbs take "avoir" as their auxiliary.

Nous avons aimé ce film.
We liked this movie.

e.g. manger to eat

l'auxiliaire **avoir** + participe passé
au présent   mangé

j'ai mangé	I ate/have eaten
tu as mangé	you ate/have eaten
il/elle a mangé	he/she ate/has eaten
nous avons mangé	we ate/have eaten
vous avez mangé	you ate/have eaten
ils/elles ont mangé	they ate/have eaten

C. **Conjuguez les verbes au passé composé en utilisant l'auxiliaire « avoir ».**
Conjugate the verbs in the past tense using the auxiliary "avoir".

1. **parler**
   participe passé : parlé

   j'_____ parlé

   tu as _____

   il/elle _____

   nous _____

   vous _____

   ils/elles _____

2. **finir**
   participe passé : fini

   j'ai _____

   tu _____ fini

   il/elle _____

   nous _____

   vous _____

   ils/elles _____

3. **lire**
   participe passé : lu

   j'_____

   tu as _____

   il/elle _____

   nous _____

   vous _____

   ils/elles _____

L'auxiliaire « être »
The Auxiliary "être"

"Être" is used mostly as the auxiliary for intransitive verbs that indicate movement. The verbs that go with "être" in the past tense are listed on the right.

e.g. Je **rentre** à la maison.
I am going back home.

Je suis rentré à la maison.
être + p.p.
I went back home.

This can help you memorize the verbs that take "être".

être + p.p.			
Descendre	to go down	**V**enir	to come
rester	to stay	**a**ller	to go
•		**n**aître	to be born
and		**d**evenir	to become
		entrer	to enter
		retourner	to return
Mourir	to die	**t**omber	to fall
rentrer	to go back	**r**evenir	to come back
sortir	to leave	**a**rriver	to arrive
•		**m**onter	to climb
		partir	to leave

Dr. and Mrs. Vandertramp!

D. **Remplissez les tirets avec le bon auxiliaire selon le verbe.**
Fill in the blanks with the correct auxiliary depending on the verb.

1. Nous _____ écouté la radio toute la journée.

2. Marie _____ demandé à Paul s'il _____ allé au parc.

3. La neige _____ tombée toute la nuit.

4. Qui est-ce qui _____ choisi la couleur rouge?

5. Quand est-ce que tu _____ retourné de Paris?

6. Le chien que tu _____ aimé est très gentil.

7. Elles _____ cherché partout, mais elles ne l'_____ pas trouvé.

8. Vous _____ arrivés à l'heure du dîner.

9. Nous _____ venus te chercher.

Grammaire

Le participe passé
The Past Participle

The past participle of verbs conjugated with "être" must agree in gender and number with the subject of the sentence.

aller to go

1er groupe

-ER ⟶ -É

e.g. monter ⟶ monté

2e groupe

-IR ⟶ -I

e.g. finir ⟶ fini

3e groupe

-RE ⟶ -U

e.g. attendre ⟶ attendu

This is how you can form past participles.

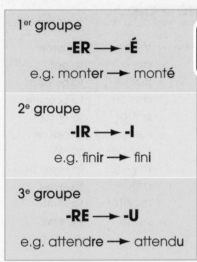

l'auxiliaire **être** + participe passé
au présent   allé

je **suis** allé(e)
tu **es** allé(e)
il/on **est** allé
elle **est** allée
nous **sommes** allé(e)s
vous **êtes** allé(e)(s)
ils **sont** allés
elles **sont** allées

---

e	Add "-e" if the subject is feminine.
e	Add "-e" if "we/you" are all feminine.
s	Drop the "-s" if "vous" is used as a polite form of "tu".

E.   **Écrivez la bonne forme du participe passé.**
Write the correct form of the past participle.

1. J'ai _____ (écouter) la radio.

2. Tu es _____ (retourner) de Paris.

3. Elle est _____ (partir) en vacances.

4. Nous avons _____ (aimer) le chien de Paul.

5. Vous êtes _____ (entrer) dans la maison.

6. Elles sont _____ (descendre) du dernier étage.

7. Ils ont _____ (attendre) l'autobus.

8. Tu as _____ (finir) tes devoirs.

9. Marie est _____ (sortir) de la maison.

10. Ma sœur et moi, nous sommes _____ (devenir) musiciennes.

F.   Remplissez les tirets avec la bonne forme du passé composé.
Fill in the blanks with the correct form of the past participles.

Yves et Victor _____ chez leurs grands-parents. Ils y
aller

_____ à l'heure du dîner. Victor, le gourmand[1], _____ à
arriver   demander

sa grand-mère : « Qu'est-ce qu'on va manger Mami? » Elle _____ :
répondre

« Nous avons ton plat favori pour le dîner, la soupe à l'oignon! » Victor,

qui n'_____ jamais _____ la soupe à
aimer

l'oignon , _____ tristement : « Mais,
expliquer

c'est Yves qui l'aime Mami! Ce n'est pas moi! »

Ensuite, Victor _____ aux toilettes
aller

pour laver ses mains et Yves _____
partir

appeler Papi. À ce moment-là[2], Mami a ouvert[3] le

four[4] et elle _____ un très grand soufflé de pomme de terre. Quand
apporter

Victor et Yves _____ , ils _____ le soufflé et la soupe
retourner   voir (p.p. : vu)

à l'oignon sur la table. Victor, qui était très content, _____ qu'il
avouer

aimait[5] les deux plats, mais qu'il préférait[6] le soufflé de pomme de terre. Ils

_____ leur dîner tranquillement devant la cheminée et tout le monde
manger

était content.

---

1. *gourmand(e)* : *a person who is fond of food*   2. *à ce moment-là* : *at that time*
3. *ouvert* : *participe passé d' « ouvrir »*   4. *le four* : *the oven*
5. *aimait* : *liked (imperfect tense, different form of past tense)*
6. *préférait* : *preferred (imperfect tense)*

Les fêtes francophones

Francophone Celebrations

Vocabulaire : Le vocabulaire des fêtes

Lecture et compréhension : Le jour de la Bastille

Le Carnaval de Québec

Mardi Gras

Joyeux hiver!
Happy winter!

A. Copiez les mots.
Copy the words.

un citoyen
a citizen

_____

euhn see·twah·yahn

une citoyenne
a citizen

_____

ewn see·twah·yehn

une devise
a slogan

_____

ewn duh·veez

le feu d'artifice
fireworks

_____

luh fuh dahr·tee·feess

un festin
a feast

_____

euhn fehs·tahn

une révolution
a revolution

_____

ewn reh·voh·lew·syohn

une marche
a march

_____

ewn mahrsh

national (m.)
national

_____

nah·syoh·nahl

nationaux (m.pl.)
national

_____

nah·syoh·noh

une parade
a parade

_____

ewn pah·rahd

une fête
a celebration/party

_____

ewn feht

Joyeuse fête du Canada!
Happy Canada Day!

fêter
to celebrate

_____

feh·teh

célébrer
to celebrate

_____

seh·leh·breh

B. **Lisez le passage et répondez aux questions par des phrases complètes.**
Read the passage and answer the questions in complete sentences.

La prise de la Bastille
The Storming of the Bastille

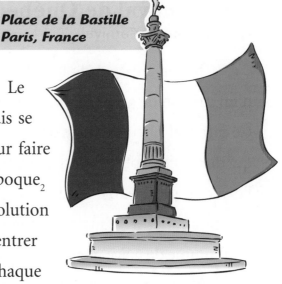

Place de la Bastille
Paris, France

Le 14 juillet est la fête nationale en France. Le 14 juillet 1798, les citoyennes et les citoyens français se sont rassemblés₁ devant la prison de la Bastille pour faire opposition à la monarchie, au gouvernement de l'époque₂ et à l'injustice. Le 14 juillet marque le début₃ de la révolution française. Alors qu'il était interdit₄ aux citoyens d'entrer dans la prison, ils ont enfin réussi et ils l'ont prise₅. Chaque année, un défilé₆ des troupes se fait sur les Champs-Élysées à Paris. Il y a des feux d'artifice dans le ciel et le drapeau₇ de la France se voit₈ partout. On peut entendre la devise de la révolution qui dit : « liberté, égalité, fraternité ».

1. Quel est la date de la fête nationale en France?

   _____

2. Où est-ce que les citoyens se sont rassemblés en 1798?

   _____

3. Ils s'y sont rassemblés pour quoi faire?

   _____

4. Quelle est la devise de la révolution française? Traduisez-la en anglais.

   _____

---

1. *se sont rassemblés : gathered*   2. *de l'époque : of the time*   3. *le début : the beginning*
4. *être interdit(e) à : to be forbidden*   5. *pris(e), p.p. de prendre : to conquer*
6. *un défilé : a parade*   7. *un drapeau : a flag*   8. *se voir : to be seen*

C. **Lisez le passage et répondez aux questions par des phrases complètes.**
Read the passage and answer the questions in complete sentences.

Le Carnaval de Québec
Quebec Winter Carnival

Chaque année dans la ville de Québec, près
d'un million de gens fêtent le Carnaval de Québec.
Ce carnaval a lieu₁ au mois de janvier. La célébration,
qui dure₂ dix-sept jours, est la plus grande célébration de
l'hiver au monde. Le Bonhomme Carnaval est l'emblème₃
du carnaval et il a fait sa première apparition₄ en 1955. Ce grand
bonhomme de neige porte toujours son chapeau rouge, son costume de neige blanc avec
des boutons noirs et sa ceinture fléchée₅. Le Bonhomme habite₆ au Palais de Glace où on
peut assister au₇ spectacle d'ouverture₈ et à la cérémonie de clôture₉ chaque année. Il y a
plus de cent ans que le public prend plaisir à célébrer le carnaval de Québec!

1. Où a-t-il lieu le Carnaval de Québec?

   _____

2. À quel mois le Carnaval est-il célébré?

   _____

3. Qu'est-ce qui est l'emblème du Carnaval de Québec?

   _____

4. Où est-ce qu'il habite le Bonhomme? Qu'est-qui se passe là-bas₁₀?

   _____

1. avoir lieu : to take place	*2. durer : to last*	*3. l'emblème : the symbol*
4. une apparition : an appearance	*5. la ceinture fléchée : the arrow sash*	
6. habiter : to live	*7. assister à : to attend*	*8. l'ouverture : opening*
9. la clôture : the closing	*10. là-bas : over there*	

Les activités traditionnelles du Carnaval sont :

- visiter la cabane à sucre

- faire une course en canot

- assister aux défilés de nuit

- faire des sculptures sur neige

- danser au bal de la Régence

- jouer au soccer sur table géante

- faire une promenade en carriole

- participer aux courses de traîneaux à chiens

D. Remplissez les tirets et découvrez le guide du Carnaval.
Fill in the blanks and discover the program for the Carnival.

le 29 janvier

18 h   Assistez au _____ d'ouverture.

20 h   Visitez la cabane ____ _____ .

le 30 janvier

13 h   Rencontrez le _____ Carnaval chez lui au

               _____ de Glace.

16 h   Jouez au _____ sur _____ _____ .

le 31 janvier

18 h   Dansez au _____ de _____ .

21 h   Assistez aux _____ de nuit.

E. Lisez le passage et répondez aux questions par des phrases complètes.
Read the passage and answer the questions in complete sentences.

Le Mardi Gras
Shrove Tuesday

Le Mardi Gras est une fête chrétienne[1] qui a lieu pendant le quarante-septième jour avant Pâques[2]. L'une des parades les plus célèbres[3] du Mardi Gras a lieu à la Nouvelle-Orléans, mais plusieurs villes européennes et américaines organisent chaque année des carnavals aussi spectaculaires. Les défilés du Mardi Gras sont menés[4] par un capitaine et les chars[5] le suivent[6]. Les bibelots[7] aux couleurs vives se voient partout. Le Mardi Gras est l'occasion de se déguiser[8] ; de porter des masques et des costumes. En d'autres termes[9], le Mardi Gras est un grand bal masqué[10]. Le slogan de cette célébration est « Laissez les bons temps rouler![11] ».

1. Le Mardi Gras est une fête de quelle religion?

   _____

2. Quand est-ce qu'on peut célébrer le Mardi Gras?

   _____

3. Qui est-ce qui mène la parade? Qu'est-ce qui suit?

   _____

4. Quel est le slogan de cette célébration?

   _____

1. *chrétien(ne) : Christian*   2. *la Pâques : Easter*   3. *célèbre : famous*
4. *être mener : to be led*   5. *un char : (carnival) float*   6. *suivre : to follow*
7. *un bibelot : a trinket*   8. *se déguiser : to disguise oneself*
9. *en d'autres termes : in other words*   10. *un bal masqué : masked ball, costume party*
11. *Laissez les bons temps rouler! : Let the good times roll!*

F. Écrivez vrai ou faux.
Write true or false.

1. Le 14 juillet est la fête internationale des francophones. _____

2. Le Carnaval de Québec est un grand bal masqué. _____

3. Le Bonhomme Carnaval est l'emblème du Carnaval de Québec et il habite au Palais de Glace. _____

4. Le Mardi Gras est célébré le plus en France. _____

5. Le spectacle d'ouverture du Carnaval de Québec a lieu sur les rues de Québec. _____

6. La prison de la Bastille est prise chaque année. _____

G. Choisissez la bonne réponse.
Choose the correct answer.

1. La prise de Bastille est une fête _____ en France.

   (A) national   (B) nationaux   (C) nationale

2. Pendant le Mardi Gras on se déguise et on porte _____ .

   (A) des feux d'artifice   (B) des masques   (C) des drapeaux

3. Le Carnaval de Québec dure _____ .

   (A) 17 jours   (B) 17 semaines   (C) chaque année

4. Le Bonhomme Carnaval habite _____ .

   (A) dehors   (B) au Palais de Glace   (C) en France

La mode

Fashion

Vocabulaire : Les vêtements

Grammaire : Les participes passés irréguliers

> **Elle est très à la mode!**
> *She is very fashionable!*

A. Copiez les mots.
Copy the words.

Les vêtements
Clothes

le tee-shirt T-shirt	**la chemise** shirt	**la jupe** skirt	**le pantalon** pants
_____ *luh tee·shuhrt*	_____ *lah shuh·meez*	_____ *lah jewp*	_____ *luh paan·tah·lohn*
le jean jeans	**la ceinture** belt	**le short** shorts	**le gilet** vest
_____ *luh jeen*	_____ *lah sahn·tewr*	_____ *luh shohrt*	_____ *luh jee·leh*
le costume men's suit	**le tailleur** lady's suit	**la veste** jacket	**l'imperméable (m.)** raincoat
_____ *luh kohs·tewm*	_____ *luh tah·yuhr*	_____ *lah vehst*	_____ *lahm·pehr·meh·ahbl*

le manteau d'hiver
winter jacket

_____
luh mahn·toh dee·vehr

le chandail
sweater

_____
luh shaan·dahy

le chapeau
hat

_____
luh shah·poh

la robe
dress

_____
lah rohb

Les sous-vêtements
Underwear

le slip
briefs

_____
luh sleep

la culotte
panties

_____
lah kew·loht

le caleçon
boxer shorts

_____
luh kahl·sohn

le soutien-gorge
bra

_____
luh soo·tyan gohrj

les chaussettes
socks

_____
leh shoh·seht

le collant
tights

_____
luh koh·laan

le pyjama
pyjamas

_____
luh pee·jah·mah

le maillot de corps
undershirt

_____
luh mah·yoh duh kohr

Les chaussures
Shoes

les bottes
boots

_____
leh boht

les baskets
sneakers

_____
leh bahs·keht

les sandales
sandals

_____
leh saan·dahl

les pantoufles
slippers

_____
leh paan·toofl

les talons hauts
high-heeled shoes

_____
leh tah·lohn oh

la semelle
sole

_____
lah suh·mehl

le talon
heel

_____
luh tah·lohn

un col

_____
euhn kohl

un bouton

_____
euhn boo·tohn

une fermeture éclair

_____
ewn fehr·muh·tewr eh·klehr

une poche

_____
ewn pohsh

B. Écrivez trois choses que chaque personne porte.
Write three items each person is wearing.

Le garçon porte _____

_____.

La grand-mère porte _____

_____.

les tissus materials

- coton cotton
- soie silk
- laine wool
- cuir leather
- nylon nylon
- polyester polyester
- lin linen
- fourrure fur
- viscose viscose
- cachemire cashmere

en **tissu**

made of _____
          material

e.g. en coton
     made of cotton

les imprimés patterns

à fleurs
floral

à carreaux
checkered

à rayures
striped

à pois
polka-dot

C. Écrivez des phrases pour décrire les vêtements.

Write sentences to describe the articles of clothing.

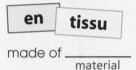

Ⓐ Nous – nylon Ⓑ Elles – lin Ⓒ Marie – polyester Ⓓ Tu – soie

Ⓐ Nous portons des _____ en _____ .

Ⓑ _____

Ⓒ _____

Ⓓ _____

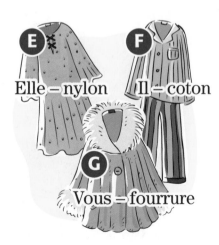

Elle – nylon   Il – coton

Vous – fourrure

Ⓔ _____
_____

Ⓕ _____
_____

Ⓖ _____
_____

D. **Remplissez les tirets avec les mots donnés.**
Fill in the blanks with the given words.

| tailleur | veste | lin | rayures | jupe | robe | fleurs | longues |

Ce matin, ma mère et moi sommes allées faire du magasinage. On est

allé dans un magasin et ma mère a mis un _____ en _____

et à manches (f.pl.) _____ . Elle

a boutonné la _____ et fermé la

_____ . Elle s'est regardée dans

le miroir et elle a dit : « Je n'aime pas ce

tailleur à _____ , j'ai besoin des

vêtements de couleur. Je vais essayer la

_____ à _____ ! »

E. **Lisez le dialogue et répondez aux questions par des phrases complètes.**
Read the dialogue and answer the questions in complete sentences.

Dans la boutique...

la vendeuse : Bonjour, Monsieur! Est-ce que je peux vous
renseigner[1]?

le client : Oui, Madame, je cherche un costume en
laine et préférablement à carreaux.

la vendeuse : Bien sûr, quelle taille[2] faites-vous?

le client : 42 et parfois 44.

la vendeuse : Voilà, ce modèle-ci est très à la mode[3]. Vous
pouvez l'essayer[4] dans la cabine d'essayage[5].

1. to help,
give information
2. size
3. fashionable
4. to try
5. fitting room

1. Qu'est-ce que le client cherche? _____

2. Il porte quelle taille? _____

3. Où peut-il essayer le costume? _____

Les participes passés irréguliers
Irregular Past Participles

Regular Past Participles

- **-ER → -É**
  e.g. manger → mangé

- **-IR → -I**
  e.g. finir → fini

- **-RE → U**
  e.g. attendre → attendu

Irregular Past Participles

avec avoir...

avoir	→ eu	devoir	→ dû
être	→ été	savoir	→ su
dire	→ dit	pouvoir	→ pu
écrire	→ écrit	vouloir	→ voulu
faire	→ fait	tenir	→ tenu

avec être*...

venir	→ venu
revenir	→ revenu
devenir	→ devenu

*With the auxiliary "être", the past participle must agree in gender and number with the subject.

F.   Écrivez les phrases au passé composé.
Write the sentences in the past tense.

1.   Elle tient la main de son amie.

     _____

2.   Rémi veut le costume noir en coton.

     _____

3.   Nous disons les secrets à nos amis.

     _____

4.   Ils peuvent chercher la réponse.

     _____

5.   Je suis triste.

     _____

Tu dois avoir faim!

6. _____

G. Mettez les phrases soulignées au passé composé.
Put the underlined sentences in the past tense.

1) <u>Aujourd'hui tout le monde va au travail à vélo.</u> On ne voit aucune voiture dans les rues parce que c'est le jour de la terre. 2) <u>L'air est beaucoup plus frais et il y a moins d'embouteillages.</u> 3) <u>Les oiseaux viennent dans les rues</u> et 4) <u>on peut les entendre chanter.</u> 5) <u>J'invite tout le monde à célébrer le jour de la terre le 22 avril chaque année.</u> Nous devons aimer la terre et respecter la nature car c'est la terre où nous habitons et c'est la nature qui nous donne tout ce dont nous avons besoin pour vivre! Vive la terre!

> When you put a passage in the past tense, make sure to put the adverbs of time in the past tense as well.
>
> e.g.   Je vais à l'école <u>aujourd'hui</u>.
>   Je suis allé à l'école <u>hier</u>.

Vive la terre! Long live Earth!

1. _____

2. _____

3. _____

4. _____

5. _____

Au restaurant

At the Restaurant

Vocabulaire : Les repas, la nourriture

Compréhension : La tourtière

La bouillabaisse

Maman, cuisinons ce poisson!
Mom, let's cook this fish!

A. Copiez les mots et traduisez les phrases.
Copy the words and translate the sentences.

la carte the menu ═══════════ **R.W. Restaurant**

_____
lah kahrt

les entrées appetizers	**les plats principaux** main courses	**les fromages** cheese
_____ *leh zaan·treh*	_____ *leh plah prahn·see·poh*	_____ *leh froh·mahj*
la soupe du jour soup of the day	la bouillabaisse fish soup	le camembert Camembert cheese
_____ *lah soop dew joor*	_____ *lah boo·yah·behs*	_____ *luh kah·maam·behr*
la quiche lorraine quiche Lorraine	la tourtière meat pie	le gruyère Gruyère cheese
_____ *lah keesh loh·rehn*	_____ *lah toor·tyehr*	_____ *luh grew·yehr*

les desserts desserts	la crème brûlée crème brûlée	la mousse au chocolat chocolate mousse
_____ *leh deh·sehr*	_____ *lah krehm brew·leh*	_____ *lah moos oh shoh·koh·lah*

le serveur
waiter

la serveuse
waitress

_____
luh sehr·vuhr

_____
lah sehr·vuhz

l'addition
bill

une portion
a portion/an order

_____
lah·dee·syohn

_____
ewn pohr·syohn

commander
to order

goûter
to taste

_____
koh·maan·deh

_____
goo·teh

1. _____
   _____

2. _____
   _____

1. I am your waiter tonight. Do you want to order?

2. I will take the quiche Lorraine, thank you.

B. **Reliez les adjectifs opposés. Ensuite récrivez la phrase avec l'adjectif opposé.**

Match the opposite adjectives. Then rewrite the sentence with the opposite adjective.

bon
bonne
good

•

•

fade
tasteless

délicieux
délicieuse
delicious

•

•

mauvais
mauvaise
bad

frais
fraîche
fresh

•

•

(ne) pas assez cuit
(ne) pas assez cuite
undercooked

trop cuit
trop cuite
overcooked

•

•

amer
amère
bitter

sucré
sucrée
sweet

•

•

rassis
rassise
stale

chaud
chaude
hot

•

•

froid
froide
cold

1. Le pain est frais.

   _____

2. Les légumes sont trop cuits.

   _____

3. Ma soupe est froide.

   _____

4. La salade est délicieuse.

   _____

C. Écrivez le nom du repas dont chaque enfant parle.
Write the name of the meal that each child is talking about.

le déjeuner breakfast	**le dîner** lunch	**le goûter** afternoon snack	**le souper** dinner	**le dessert** dessert

J'aime beaucoup mon repas de midi! Chaque midi j'ouvre ma boîte à dîner et je sors mon sandwich. J'adore les sandwichs au fromage. Je finis toujours mon jus et mon yogourt.

_____

Simon

Jean   Danielle

Après l'école on mange un petit quelque chose dans le parc. Aujourd'hui j'ai un petit gâteau au chocolat. Mon amie, Danielle, elle a des craquelins et on les partage!

_____

Chez moi, on mange souvent des fruits après le souper. Nous les mangeons parfois avec du yogourt ou de la crème glacée.

_____

Anaïs

Chaque matin je me lève et je mange du pain avec du beurre, du miel$_1$ ou de la confiture$_2$. Parfois je prends un bol de céréales avec du lait bien froid.

_____

1. le miel : honey
2. la confiture : jam

Léa

Ce soir on va manger des pâtes à la sauce tomate. J'y ajoute toujours beaucoup de gruyère et je le fais fondre$_1$ au micro-ondes.

_____

1. faire fondre : to melt

Nicolas

D. **En vous référant à l'exercice C, mettez la bonne lettre dans le cercle.**
Refer back to Part C and put the correct letter in the circle.

1. Simon adore... ◯

2. À midi, Simon... ◯

3. Léa aime manger... ◯

4. L'amie de Jean s'appelle... ◯

5. Ce soir Nicolas va manger... ◯

6. Pour le dessert, Anaïs mange... ◯

A des pâtes à la sauce tomate.

B du pain avec du beurre et du miel.

C les sandwichs au fromage.

D des fruits.

E Danielle.

F sort son sandwich et il le mange pour son dîner.

E. **Répondez aux questions par des phrases complètes.**
Answer the questions in complete sentences.

1. Qu'est-ce que Léa prend avec son bol de céréales?

_____

2. Quel repas Simon aime-t-il beaucoup?

_____

3. Où est-ce que Jean et Danielle prennent leurs goûters?

_____

4. Qu'est-ce que Jean mange pour son goûter? Et Danielle?

_____

5. Nicolas, qu'est-ce qu'il ajoute à ses pâtes?

_____

6. Qu'est-ce qu'on mange comme dessert chez Anaïs?

_____

F. Lisez le passage sur la tourtière et répondez aux questions.
Read the passage on tourtière and answer the questions.

Bon appétit!
Enjoy your meal!

La tourtière   Meat pie

Bonjour! Je m'appelle Lori. Ce soir ma famille et moi, nous allons manger de la tourtière. C'est un plat traditionnel du Québec. La tourtière est un pâté à la viande qu'on cuit au four. Ce pâté est rempli[1] de bœuf, de porc et de poulet haché[2]. On y ajoute aussi des pommes de terre. C'est un plat qu'on mange traditionnellement à Noël[3] et au Nouvel An[4]. Moi, j'aime manger ma tourtière bien chaude avec du ketchup; ma mère me dit que ce n'est pas la bonne manière[5] de la manger, mais elle ajoute toujours : « À chacun sa manière[6]! »

1. être rempli(e) : to be filled	*2. haché(e) : ground*	*3. Noël : Christmas*
4. le Nouvel An : New Year's Day	*5. la manière : way, manner*	*6. À chacun sa manière :*
		Each person in his/her own way

1.   Qu'est-ce que c'est une tourtière?

   _____

2.   Quels sont les ingrédients de la tourtière?

   _____

3.   La tourtière vient d'où? Est-elle un plat français ou québécois?

   _____

4.   Traditionnellement, quand est-ce qu'on mange la tourtière?

   _____

5.   Comment est-ce que Lori aime manger sa tourtière?

   _____

6.   Qu'est-ce que sa mère en pense? Qu'est-ce qu'elle lui dit?

   _____

G. **Lisez le passage sur la bouillabaisse et répondez aux questions.**
Read the passage on bouillabaisse and answer the questions.

La bouillabaisse

Ce plat est originalement de Marseille, dans le sud de la France et il s'agit₁ d'une soupe aux poissons. La bouillabaisse est aujourd'hui connue₂ à travers le monde et elle est très populaire. On dit que c'était le plat des pêcheurs₃ pauvres₄ de la région méditerranéenne de la France. Ils mettaient dans une grande marmite₅ tout ce qui leur restait₆ de la pêche et ils les faisaient bouillir₇ avec des légumes et des herbes. Au fond ce plat est du poisson, servi₈ dans son bouillon₉ et sur des tranches de pain grillé. On peut le trouver dans la plupart des restaurants marseillais₁₀. Commandez-la la prochaine fois!

1. *s'agir de : to consist of*
2. *être connu(e) : to be known*
3. *pêcheur : fisherman*
4. *pauvre : poor*
5. *une marmite : a cooking pot*
6. *rester : to remain*
7. *faire bouillir : to boil*
8. *servi(e) : served*
9. *le bouillon : stock*
10. *marseillais(e) : from Marseilles*

1. D'où vient la bouillabaisse à l'origine? Il s'agit de quoi?

   _____

2. Qu'est-ce qu'on dit au sujet de ce plat? Qui est-ce qui l'a fait la première fois?

   _____

3. Au fond, qu'est-ce que c'est la bouillabaisse? Comment est-elle servie?

   _____

4. Où est-ce qu'on peut la commander?

   _____

La négation

The Negative

Vocabulaire : Les adverbes, adjectifs et pronoms négatifs

Grammaire : La négation au présent et au passé composé

Personne ne joue au bilboquet mieux que moi!
No one plays bilboquet better than me!

Bien sûr Susie!
Of course, Susie!

A. Mettez les éléments de la négation aux bonnes places.

Put the negative elements in the correct places.

Adverbes	ne...pas/point not	Nous _____ connaissons _____ la réponse. We do not know the answer.
	ne...plus/jamais no more/never	Je _____ veux _____ aller au parc. I do not want to go to the park anymore/ever.
Adjectifs	$\dfrac{\text{aucun}}{\text{aucune}}$ (ne) no/not any/none	_____ élève _____'a reçu un F. Not one student has received an F. L'élève _____'a reçu _____ note (f.). The student has not received any marks.
	$\dfrac{\text{nul}}{\text{nulle}}$ (ne) no/not any/none	Il _____'est allé _____ part (f.). He did not go anywhere. Il _____'a _____ doute (m.) à ce sujet. He has no doubt on this subject.
Pronoms	rien/nul (ne) nothing/not anything	_____ _____ peut l'arrêter. Nothing can stop him. Il _____ veut _____ . He does not want anything.
	personne (ne) no one/not anyone	_____ _____ peut l'aider. No one can help him. Il _____ peut aider _____ . He cannot help anyone.

Les adverbes négatifs
Negative Adverbs

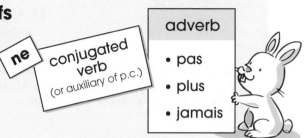

adverb
• pas
• plus
• jamais

French negation always has two parts. "Ne" goes before the conjugated verb and the adverbs "pas, plus, jamais, etc." go after the verb.

Exception : If there is a pronoun before the conjugated verb, like "y, en, le, lui, me, etc.", then "ne" goes right before the pronoun. These pronouns always stay attached to the verb they refer to.

e.g.   Vous en voulez.   J'y vais demain.
       Vous n'**en voulez** pas.   Je n'**y vais** pas demain.

B.   Mettez les phrases au négatif.

Make the sentences negative.

1.   Ils vont aller au cinéma samedi prochain. (ne...pas)

     Ils _____ vont _____ aller au cinéma samedi prochain.

2.   Je prends l'avion pour aller à l'école. (ne...jamais)

     _____

3.   Nous y sommes allés la semaine dernière. (ne...jamais)

     _____

4.   Alice et son frère ont raison. (ne...point)

     _____

5.   Ma mère fait mon lit pour moi. (ne...plus)

     _____

6.   Lucie lui donne le dernier bonbon dans la boîte. (ne...pas)

     _____

Les adjectifs négatifs
Negative Adjectives

Adjectives agree in gender and number with the nouns they describe. The same rule applies to the negative adjectives "aucun/aucune" and "nul/nulle". These negative adjectives are used with "ne" to form the negative.

Follow this pattern: $\dfrac{\text{aucun/nul}}{\text{aucune/nulle}}$ **+** $\dfrac{\text{m. noun}}{\text{f. noun}}$ **+ ne +** conjugated verb/pronoun

e.g. Je n'y vois <u>aucun</u> <u>signe</u> de vie.
           adj.m.sg. n.m.sg.

> **Je n'y vois aucun signe de vie!**
> I don't see any sign of life here!

C. **Traduisez les phrases en français. Ensuite écrivez le nom que l'adjectif décrit et encerclez son genre.**

Translate the sentences into French. Then write the noun the adjective describes and circle its gender.

1. I do not want any cookies.

    _____

    noun: _____

    gender: m. / f.

2. We must not go to any swimming pools.

    _____

    noun: _____

    gender: m. / f.

3. They don't send any messages to Marie.

    _____

    noun: _____

    gender: m. / f.

4. I don't see any dogs here.

    _____

    noun: _____

    gender: m. / f.

5. I don't have any books.

    _____

    noun: _____

    gender: m. / f.

Les pronoms négatifs
Negative Pronouns

The negative pronouns "personne" and "rien" are used just like any pronoun. The only difference is that they are accompanied by "ne".

personne*
no one

rien
nothing

+ **ne****

* It is always treated as a 3rd person singular noun.

e.g. Personne ne **mange**. ✔

**When a pronoun precedes the conjugated verb, "ne" goes before the pronoun, not the verb.

"Personne" and "rien" can be in the object or the subject position; depending on their role, **ne+verbe** can go before or after them.

e.g. Personne ne veut parler.

subject ⟶

No one wants to talk.

Je ne vois personne.

⟵ object

I don't see anyone.

D. Remplacez les mots soulignés par un pronom négatif et récrivez la phrase.
Replace the underlined words by a negative pronoun and rewrite the sentence.

1. <u>Ça</u> me rend malade.   _____ ne me rend malade.

2. <u>Julie</u> a fait attention.   _____

3. J'ai donné le livre à <u>Paul</u>.   _____

4. Nous voulons <u>la réponse</u>.   _____

5. <u>Lori et sa sœur</u> ont peur.   _____

6. Tu parles de <u>ta voiture</u> tout le temps.   _____

7. <u>Marie</u> l'a vu arriver.   _____

8. <u>Les voitures</u> sont en panne.   _____
        out of order
        aan pahn

E. **Regardez l'image et mettez les bonnes lettres dans les cercles.**
Look at the picture and put the correct letters in the circles.

A Il n'y a aucun nuage dans le ciel.

B Le lapin n'écoute pas la musique du garçon à la guitare.

C Il n'y a nulle fleur dans le jardin.

D Le garçon ne sent rien!
    to smell

E La fille n'aime plus la mouffette.
    the skunk
    lah moo·feht

F Le serpent n'a jamais aimé l'oiseau.

G Le chiot ne veut plus manger.

H Le chaton n'a pas assez dormi.

I L'oiseau n'a plus de cerises.

J Le canard n'a rien que son petit œuf au monde.

F. **Remplissez les tirets pour compléter le passage sur le bilboquet.**
Fill in the blanks to complete the passage on bilboquet.

Le Bilboquet

En France, les enfants jouent au bilboquet. _____ jeu _____'est
_{no (adj.)}

aussi amusant que le bilboquet. Pour jouer il vous faut :

un gobelet jetable

un bout de ficelle₁

une balle de ping-pong

une paire de ciseaux

D'abord, percez₂ un trou dans le fond du gobelet. (_____ faites _____ un très
_{do not}

grand trou!) Faites passer₃ la ficelle par le trou et faites un nœud₄ dans le gobelet.

_____ choisissez _____ une ficelle très fine. Il _____'y a _____ de
_{do not}   _{nothing}

meilleur qu'une corde à linge₅. Attachez la balle de ping-pong à l'autre bout de la

ficelle. Pour jouer, tenez le gobelet dans une main et essayez de mettre la balle

dans le gobelet. _____'utilisez _____ l'autre main et _____ _____ doit
_{do not}   _{no one}

vous donner _____ aide. _____'oubliez _____ de mettre une
_{no (adj.)}   _{do not}   _{ever}

limite de temps.

---

1. *un bout de ficelle* : *a piece of string*
2. *percer* : *to make a hole*
3. *faire passer* : *to pass through*
4. *un nœud* : *a knot*
5. *une corde à linge* : *a clothesline*

Les pronoms d'objet

Object Pronouns

Vocabulaire : Les pronoms d'objet

Grammaire : L'objet direct et
l'objet indirect

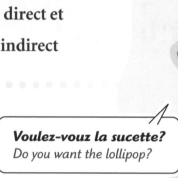

> **Non merci, nous ne la voulons pas!**
> *No, thank you. We don't want it!*

> **Voulez-vouz la sucette?**
> *Do you want the lollipop?*

A. Écrivez le pronom dans le tiret pour compléter la phrase.

Write the pronoun in the blank to complete the sentence.

Les pronoms d'objet direct

sg.	m.	le/l'	Je prends **le ballon**. →	Je _____ prends.	
	f.	la/l'	Tu manges **la pomme**. →	Tu _____ manges.	
pl.	m.	les	Je prends **les ballons**. →	Je _____ prends.	
	f.	les	Tu manges **les pommes**. →	Tu _____ manges.	

Les pronoms d'objet indirect

sg.	m.	lui	Je parle **à Paul**. →	Je _____ parle.	
	f.	lui	Il écrit **à sa mère**. →	Il _____ écrit.	
pl.	m.	leur	Vous répondez **aux étudiants**. →	Vous _____ répondez.	
	f.	leur	Ils expliquent **aux étudiantes**. →	Ils _____ expliquent.	

Le chat écrit une lettre à sa mère.

Le chat _____ _____ écrit.

Les objets
Objects

An object is a noun that receives the action of the verb. There are two types of objects: direct object and indirect object.

Direct Object Complément d'objet direct
(C.O.D.)

receives the action directly and therefore follows the transitive verb without a preposition

e.g.   J'ai mangé <u>une pomme</u>.   I ate <u>an apple</u>.
                        C.O.D.   C.O.D.

Indirect Object Complément d'objet indirect
(C.O.I.)

receives the action of the verb indirectly; always preceded by a preposition

e.g.   J'ai parlé <u>à Paul</u>.   I talked <u>to Paul</u>.
                  C.O.I.   C.O.I.

B.   Suggérez un objet pour chaque verbe. Ensuite écrivez « C.O.D. » si c'est un objet direct et « C.O.I. » si c'est un objet indirect.

Suggest an object for each verb. Then write "C.O.D." if it is a direct object and "C.O.I." if it is an indirect object.

1.   Je mange _____ (_____).

2.   Il veut _____ (_____).

3.   Anaïs regarde _____ (_____).

4.   Ma mère donne _____ (_____) à _____ (_____).

5.   Lori écrit _____ (_____) à _____ (_____).

6.   Nous avons fini _____ (_____).

7.   Je réponds à _____ (_____).

8.   Je dis _____ (_____) à _____ (_____).

Les pronoms d'objet
Object Pronouns

Object pronouns replace "objects" to avoid repetition. They go before the verb and must agree in gender and number with the noun they replace.

	Pronoms d'objet direct (qui? who?, quoi? what?) replace the C.O.D.	**Pronoms d'objet indirect** (à qui? to whom?) replace the C.O.I.
sg.	le/l' him/it la/l' her/it	lui (to) him/her
pl.	les them	leur (to) them

e.g. 1.   Nous disons <u>la vérité</u>.
                        f.sg.

Nous disons **quoi**? - la vérité
<u>Nous **la** disons.</u>

2.   Nous parlons <u>à Paul</u>.
                        m.sg.

Nous parlons **à qui**? - à Paul
<u>Nous **lui** parlons.</u>

C.   Remplacez les mot soulignés par le bon pronom d'objet.
Replace the underlined words with the correct object pronoun.

1.   Le Premier ministre annonce <u>la nouvelle</u>.

     _____

2.   J'offre un verre d'eau <u>à mon ami</u>.

     _____

3.   Le pêcheur donne des poissons <u>aux magasiniers</u>.

     _____

4.   J'ouvre <u>les fenêtres</u>.

     _____

Attention! If you want to use both a direct and an indirect object in a sentence, you must follow this order:

Subject **+** C.O.D. le/la/les **+** C.O.I. lui/leur **+** verb

e.g. Je donne les livres à Paul. I give the books to Paul.
C.O.D. C.O.I.

Je les lui donne. I give them to him.
sujet C.O.D. C.O.I. verbe

D. Écrivez le nom auquel le pronom souligné se réfère.
Write the noun to which the pronoun refers.

1. Zoé a une question. Elle veut <u>la</u> poser. _____

2. Marcel mange des légumes. Il <u>les</u> aime. _____

3. J'obéis à ma mère parce que je <u>l'</u>adore. _____

4. Nous parlons à Marie au téléphone. Je <u>lui</u> ai dit de rentrer chez nous. _____

5. Elle aime jouer avec ses cousins. Elle <u>leur</u> donne tous ses jouets. _____

E. Remplacez les noms soulignés par les pronoms d'objet.
Replace the underlined nouns with object pronouns.

1. Jacques avoue <u>la vérité</u> <u>à ses amis</u>.

_____

2. Vous montrez <u>le chien</u> <u>aux voisins</u>. (les voisins : neighbours)

_____

3. Je prête <u>mes chaussures</u> <u>à Marie</u>.

_____

F. **Remplacez les noms par les pronoms. Ensuite mettez la deuxième phrase au négatif.**

Replace the nouns with pronouns. Then make the second sentence negative.

1. J'ai choisi le bon pronom.

   Avec pronom : _____

   Au négatif : _____

> Follow this structure to construct negative sentences:
>
> ne + | le / la / les | lui / leur | + main verb + pas

2. Je veux la pomme pour ma sœur.

   Avec pronom : _____

   Au négatif : _____

3. Nous parlons de nos devoirs à notre professeur.

   Avec pronom : _____

   Au négatif : _____

4. Vous annoncez la bonne nouvelle à votre mère.

   Avec pronom : _____

   Au négatif : _____

5. Elle raconte une histoire à son bébé.

   Avec pronom : _____

   Au négatif : _____

6. Le chat donne les chaussettes de Marie à elle.

   Avec pronom : _____

   Au négatif : _____

G. **Remplissez les tirets avec le bon pronom et répondez aux questions.**
Fill in the blanks with the correct pronouns and answer the questions.

le	la	les	l'
lui	leur	y	en

Aujourd'hui dans la classe de gym, on a joué au basket-ball en équipes.

M. Breton _1._____ a choisies. D'abord, il a choisi Lori et il _2._____ a faite la

capitaine de l'équipe A; ensuite, il a appelé Marco et il _3._____ a fait le capitaine

de l'équipe B. Pour son équipe, Lori a choisi toutes les

filles et elle _4._____ a dit de se préparer pour une

victoire₁ glorieuse. Marco a dû choisir les garçons

et il _5._____ a avoué que leur échec₂ était très possible. Il

s'est approché₃ de Lori et il _6._____ a dit : « Soyez gentilles! Il

_7._____ a de très bonnes joueuses dans votre équipe! » Marco

avait raison, l'équipe de Lori était très forte. Le premier match, elles

_8._____ ont gagné₄ et le deuxième, elles _9._____ ont gagné aussi. M. Breton,

la bouche ouverte, a dit : « Quelles filles! Bravo! »

10. What gender is the pronoun in Number 2 and Number 3? _____

11. What tense are "a faite" and "a fait"? Why do you think Number 2 has an extra "e"? What could the past participle agree with?

_____

12. Why isn't the intransitive verb "dire" followed by the usual preposition "à"?

_____

1. une victoire : a victory   *2. l'échec :* failure
3. s'approcher : to get close to   *4. gagner :* to win

La phrase

The Sentence

Vocabulaire : La ponctuation

Grammaire : La phrase simple et complexe

Les pronoms relatifs

« qui, que, dont, où »

> *La boulangerie où tu voulais manger est fermée aujourd'hui!*
> The bakery where you wanted to eat is closed today!

> *Ce n'est pas la boulangerie dont j'ai parlé! J'ai parlé de la boucherie et c'est ouvert!*
> It wasn't the bakery that I spoke of! I spoke of the butcher's shop and it's open!

A. Copiez le nom des signes de ponctuation.
Copy the names of the punctuation marks.

le point
period

_____

luh pwahn

la virgule
comma

_____

lah veer·gewl

les guillemets
quotation marks

_____

leh geey·meh

le point-virgule
semicolon

_____

luh pwahn veer·gewl

les deux-points
colon

_____

leh deuh pwahn

le point d'exclamation
exclamation mark

_____

luh pwahn dehks·klah·mah·syohn

l'apostrophe
apostrophe

_____

lah·pohs·trohf

le tiret
dash

_____

luh tee·reh

les points de suspension
ellipsis

_____

leh pwahn duh sews·paan·syohn

les parenthèses
parentheses

_____

leh pah·raan·tehz

le trait d'union
hyphen

_____

luh treh dew·nyohn

le point d'interrogation
question mark

_____

luh pwahn dahn·teh·roh·gah·syohn

La phrase simple
The Simple Sentence

In French, simple sentences have:
- a subject (S) and a verb (V) or
- a "groupe nominal sujet" (GS) and a "groupe verbal" (GV)

e.g.
    1. <u>Elle</u> <u>dort</u>.   2. <u>Les élèves</u> <u>aiment Mme Dubois</u>.
       S   V   GS   GV

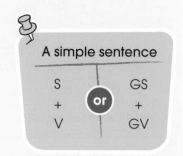

A simple sentence

S	GS
+	or +
V	GV

B. **Encerclez le sujet/GS et soulignez le verbe/GV dans chaque phrase.**
Circle the subject and underline the predicate/verb of each sentence.

1. Arianne attend l'autobus devant sa maison.

2. Le chien adore manger des biscuits.

3. La femme à la robe à carreaux est la mère de Susie.

4. Le père du bébé le calme avec une chanson.

5. Ma sœur et moi disons toujours la vérité.

6. La classe de Mme Laurier va aller au parc aujourd'hui.

7. Tu choisis toujours des chemises à manches.

8. Nous tombons.

9. J'ai regardé la fille.

10. Les garçons sont allés à la pêche.

La phrase complexe
The Complex Sentence

A complex sentence has one main (independent) clause and one or more subordinate (dependent) clauses. The relative subordinate is a dependent clause.

La subordonnée relative
The Relative Subordinate

Relative subordinates are introduced by relative pronouns. They give more information about a noun in the main clause. A relative clause acts similarly to an adjective.

e.g.

1. **Le gâteau** que j'ai acheté est dans le frigo.
   l'objet d'« acheter »

   The cake that I bought is in the fridge.

2. Elle mange **un gâteau** qui sent très bien.
   le sujet de « sentir »

   She is eating a cake that smells very good.

Les pronoms relatifs

- **que**   object
- **qui**   subject
- **dont** whose/of whom/which
- **où**   where

Refer to Unité 4 for a more detailed explanation of "que/qui".

C. **Écrivez si la phrase est simple ou complexe. Soulignez la subordonnée.**
Write whether the sentence is simple or complex. Underline the subordinate.

1. Nous avons sorti la tourtière du four. _____

2. C'est le professeur qui enseigne le français. _____

3. J'ai finalement trouvé mon petit chat. _____

4. À 22 h, il a presque fini ses devoirs. _____

5. Ils portent les tee-shirts qu'ils viennent d'acheter. _____

6. C'est le livre que je lui ai emprunté. _____

7. Tu portes les chaussures que j'ai toujours adorées. _____

Le pronom relatif « dont »
The Relative Pronoun "dont"

Dont whose, about/from/of whom, which

When "de/d'" introduces a nominal group in a sentence, "dont" is used to replace it in the subordinate clause.

e.g.

> *La fille, dont le chat est perdu, est triste!*
> *The girl whose cat is lost is sad!*

1. La femme est très intelligente. Je parle <u>de cette femme</u>.
   La femme, <u>dont je parle</u>, est très intelligente.
   The woman about whom I'm talking is very smart.

   When the subordinate clause is in the middle of a sentence, it is separated with two commas.
   ---

2. Elle a perdu le cahier. J'ai besoin <u>de ce cahier</u>.
   Elle a perdu le cahier <u>dont j'ai besoin</u>.
   She lost the book that I need.

D. Combinez les deux phrases avec le pronom relatif « dont ».
Combine the two sentences with the relative pronoun "dont".

1. Il a trouvé la poupée. Il a peur <u>de cette poupée</u>.

   _____

2. C'est le film policier. Manon a parlé <u>de ce film</u>.

   _____

3. Ces médicaments n'ont pas un bon goût. Alice a besoin <u>de ces médicaments</u>.

   _____

4. Le chien est dans la piscine. La jambe <u>du chien</u> est cassée.

   _____

5. La fille achète le livre. Le professeur lui a parlé <u>de ce livre</u>.

   _____

Le pronom relatif « où »
The Relative Pronoun "où"

Où where

To give more information about a place or a location (sur, dans, à, etc.+place) in a subordinate clause, use the relative pronoun "où" after the name of the place.

> *La ville de Québec, où je vais aller, est très belle!*

e.g.

La ville de Québec est très belle. Je vais aller <u>à la ville de Québec</u>.

La ville de Québec, <u>où je vais aller</u>, est très belle.

Quebec City, where I'm going, is very beautiful.

E. Combinez les deux phrases avec le pronom relatif « où ».
Combine the two sentences with the relative pronoun "où".

1. Manon va au Canada. Au Canada, il y a beaucoup de parcs.

   _____

2. Nous marchons dans la rue. Il y a beaucoup de magasins dans cette rue.

   _____

3. J'ai passé mes vacances dans le village. Je suis né dans ce village.

   _____

4. La plage est très belle. Nous sommes allés à cette plage.

   _____

5. La ville de Toronto est très diverse. J'habite dans cette ville.

   _____

F. **Écrivez le bon pronom relatif.**
Write the correct relative pronoun.

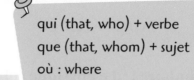

qui (that, who) + verbe
que (that, whom) + sujet
où : where
dont : whose, about/of whom

que   qui   dont   où

1. Il veut lui montrer la boîte _____ il garde ses jouets.

2. Nous avons regardé l'émission _____ annonce les nouvelles.

3. C'est la chemise _____ Jean aime le mieux.

4. Le pupitre, _____ ils travaillent, est un dégât!

5. L'herbe, _____ vous avez besoin pour la cuisine, est très bonne.

6. La personne _____ tu cherches est sortie.

7. Je n'aime pas la peinture _____ ils parlent.

8. Je ne peux pas marcher avec ces talons hauts _____ me font mal aux pieds.

9. Le parc, _____ vous aimez aller, est très grand.

G. **Traduisez les phrases en français.**
Translate the sentences into French.

1. It is the restaurant where they ate.

   _____

2. The animal, of which they are afraid, has large teeth.

   _____

3. The story that she wrote is very sad.

   _____

4. We are washing the dishes that are in the sink.

   _____

5. We are playing in the park that is close to the house.

   _____

L'apparence

Appearance

Vocabulaire : Le physique et l'apparence

Expressions : « Plaire à... » et

« ressembler à... »

Un spectacle de talent
A talent show

Joseph, tu portes un grand nez aujourd'hui!
Joseph, you are wearing a big nose today!

A. Lisez les nouveaux mots et regardez les images. Ensuite écrivez le bon nom pour chaque description.

Read the new words and look at the pictures. Then write the correct name for each description.

- **une queue de cheval**   a ponytail
  ewn kuh duh shuh·vahl
- **une frange**   bangs
  ewn fraanj
- **une tresse**   a braid
  ewn trehs

- **bouclé, bouclée**
  book·leh
  curly
- **long, longue**
  lohn, lohng
  long

- **ondulé, ondulée**
  ohn·dew·leh
  wavy
- **court, courte**
  koor, koohrt
  short

Comment se coiffent-elles?   How do they style their hair?

1. _____ a les cheveux roux.

2. _____ a les cheveux blonds et une queue de cheval.

3. _____ a les cheveux bruns et longs.

4. _____ a les cheveux noirs et elle porte une frange.

5. _____ a des cheveux courts et bouclés.

Il/Elle est...	petit, petite small	moyen, moyenne medium	grand, grande big	très grand, grande very big	*la taille* the size

| Il/Elle est... | maigre skinny | mince thin | rond, ronde curvy | gros, grosse large | |

B. Encerclez le bon adjectif.
Circle the correct adjective.

1. Le médecin lui a dit de manger plus car elle est très grosse / maigre.

2. Sylvie ne peut pas atteindre le verre dans le placard parce qu'elle n'est pas assez petite / grande.

3. On l'a choisi pour l'équipe de basket-ball parce qu'il est très grand / moyen.

C. Lisez le passage et répondez aux questions.
Read the passage and answer the questions.

un grain de beauté
beauty spot/mole
euhn grahn duh boh·teh

des taches de rousseur
freckles
deh tahsh duh roo·suhr

la moustache
moustache
lah moos·tahsh

la barbe
beard
lah bahrb

Regardez cet homme! Il a l'air bizarre! Son visage est plein₁ de taches de rousseur et il a un gros grain de beauté sur la joue. Sa moustache et sa barbe sont en désordre₂. Ça fait peut-être des mois qu'il ne s'est pas coiffé₃. C'est très curieux₄. Je me demande pourquoi il porte des lunettes de soleil à verres₅ si foncés!

1. Qu'est-ce qu'il a sur son visage?

_____

2. Qu'est-ce qui est en désordre?

_____

3. Comment sont ses lunettes de soleil?

_____

1. *plein de :* covered with, full of   2. *en désordre :* untidy   3. *se coiffer :* to do one's hair
4. *C'est très curieux. :* It's very odd.   5. *le verre :* lens, glass

D. **Décrivez chaque personne en donnant au moins trois descriptions physiques.**

Describe each person by providing at least three physical qualities.

J'ai les cheveux longs.
I have long hair.

A _____

_____

_____

_____

_____

Commencez vos phrases avec :

Il/Elle a...

Il/Elle porte...

Il/Elle est...

B

J'ai les cheveux blonds.
I have blonde hair.

C

J'ai les cheveux bruns.
I have brown hair.

D

J'ai les yeux verts.
I have green eyes.

B _____

_____

_____

C _____

_____

_____

D _____

_____

_____

Expressions

En anglais : **In English**	En français : **In French**

"to look like _____"
       noun
	« ressembler à _____ »
	       noun

"to look alike"	« se ressembler »

e.g. Jean ressemble à Gabriel. Jean looks like Gabriel.
Jean et Gabriel se ressemblent. Jean and Gabriel look alike.

E. **Récrivez les phrases de deux façons différentes avec les expressions ci-dessus.**
Rewrite the sentences in two different ways with the above expressions.

1. La couleur de ses cheveux est comme celle du foin.
(le foin : hay)

   - La couleur de ses cheveux _____ à celle du foin.

   - La couleur de ses cheveux et celle du foin s____

     r_____ .

> similarity adjectives:
> - pareil, pareille
>   the same, alike
> - similaire à
>   similar to
> - semblable à
>   similar to

2. Ses taches de rousseur sont comme les étoiles.

   - _____

   - _____

3. Le nez de mon professeur est similaire à celui de mon oncle.

   - _____

   - _____

4. La coiffure de Sarah et celle de sa sœur sont semblables.

   - _____

   - _____

F. Faites les mots croisés.
Complete the crossword puzzle.

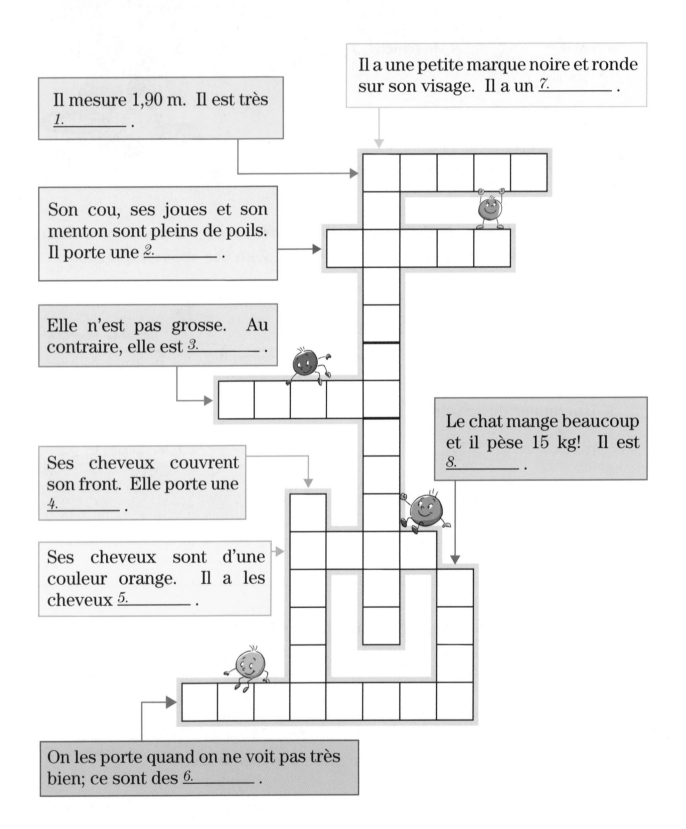

Il a une petite marque noire et ronde sur son visage. Il a un 7. _____ .

Il mesure 1,90 m. Il est très 1. _____ .

Son cou, ses joues et son menton sont pleins de poils. Il porte une 2. _____ .

Elle n'est pas grosse. Au contraire, elle est 3. _____ .

Le chat mange beaucoup et il pèse 15 kg! Il est 8. _____ .

Ses cheveux couvrent son front. Elle porte une 4. _____ .

Ses cheveux sont d'une couleur orange. Il a les cheveux 5. _____ .

On les porte quand on ne voit pas très bien; ce sont des 6. _____ .

Expressions

En anglais :
In English

"to like _____"
  something

"to appeal to _____"
  someone

En français :
In French

« aimer _____ »
  quelque chose

« plaire à _____ »
  quelqu'un

« Plaire » to please/to appeal to

je plais à...	I appeal to...
tu plais à...	you appeal to...
il/elle plaît à...	he/she appeals to...
nous plaisons à...	we appeal to...
vous plaisez à...	you appeal to...
ils/elles plaisent à...	they appeal to...

*In the past tense, "plaire" is conjugated with "avoir" and its past participle is "plu".

Cette coiffure ne me plaît pas du tout, mais elle plaît à ma mère!
This hairstyle doesn't appeal to me at all, but it appeals to my mom.

G.   Récrivez la phrase avec le verbe « plaire » et ensuite avec le pronom d'objet indirect.

Rewrite the sentence with the verb "plaire" and then with the indirect object pronoun.

1.   Charlotte a aimé ses taches de rousseur.

Ses taches de rousseur ont plu à _____ . Elles lui ont _____ .

2.   Elle aime le teint bronzé de son ami.

_____

3.   Sa mère aime ses yeux verts.

_____

4.   Paul aime la fille aux cheveux roux.

_____

5.   Marie et sa sœur adorent les cheveux bouclés.

_____

6.   Nous aimons le français!

_____

La révision 2

La révision
- Le passé composé
- La mode
- La négation
- La phrase
- Les fêtes francophones
- Au restaurant
- Les pronoms d'objet
- L'apparence

A. Remplissez les tirets avec les bons mots et conjuguez les verbes si necessaire.

Fill in the blanks with the correct words and conjugate the verbs if necessary.

---

tailleur	à fleurs	aller	au	lui	commander	talons hauts
être	marseillais	l'oignon	Carnaval	faire	Bonhomme	avoir

A Cette anneé, Lori et sa famille sont _____ au _____ de

Québec. Là, ils _____ rencontré le _____ Carnaval.

B La mère de Susie porte son _____ et ses _____ , mais elle ne

les aime pas. Susie _____ donne sa robe _____ qui est plus

jolie.

C Paul _____ allé chez ses grands-parents. Sa grand-mère a

_____ de la soupe à _____ .

D Marie est allée _____ restaurant et elle a _____ un plat

_____ : la bouillabaisse.

---

que	lui	partir (passé)	pouvoir	retourner (passé)	personne
	où	qui	rien	jamais	les	biscuits	nager

E Alex et son chien se trouvent sur une île. Ils ne _____ voir

_____ . Ils ont _____ pendant plusieurs heures. Alex n'a

_____ été si fatigué.

F Le chien de Paul aime beaucoup les _____ . Un jour Paul

_____ à la maison et il a vu que son chien a tout mangé. Il

_____ a demandé pourquoi il n'a _____ laissé et le chien a

répondu : « Mais, je _____ aime aussi! »

G La boucherie _____ il veut aller est ouverte, mais la boulangerie

_____ Paul aime la plus est fermée.

H Le chat de Pauline, _____ est son meilleur ami, _____ il y a

quelques jours. Elle est vraiment triste.

B. Écrivez vrai ou faux.
Write true or false.

1. Mardi Gras est une fête nationale en France.   _____

2. Une femme porte un tailleur et un homme porte un
   costume.   _____

3. Le participe passé s'accorde toujours avec le sujet.   _____

4. "Lui" est un pronom d'objet indirect.   _____

5. "Qui" remplace un sujet et "que" remplace un objet.   _____

C. Remplacez le mot anglais avec le bon mot français.
Replace the English word with the correct French word.

La ⟨1.⟩_____ Yves et Maurice ⟨2.⟩_____ au nord de ⟨3.⟩_____

ville pour trouver le grand ⟨4.⟩_____ ⟨5.⟩_____ leur ami avait parlé.

D'abord, ils ⟨6.⟩_____ une ⟨7.⟩_____ de la région et ils ⟨8.⟩_____

leur trajet. Leur ami ⟨9.⟩_____ a aussi dit de porter des ⟨10.⟩_____

chauds; donc les deux amis ⟨11.⟩_____ leurs ⟨12.⟩_____ et leurs

⟨13.⟩_____ . Après quelques heures, les deux amis ont réalisé qu'ils étaient

perdus! Maurice, ⟨14.⟩_____ était très fatigué, a dit à son ami : « Je

⟨15.⟩_____ vois! » Yves, ⟨16.⟩_____ regardait la carte, ⟨17.⟩_____ a

répondu : « Mais, je ⟨18.⟩_____ vois ⟨19.⟩_____ et il n'y a ⟨20.⟩_____

⟨21.⟩_____ puisse nous aider! »

Yves, qui était très content, a répondu à

son ami : « ⟨22.⟩_____ quelquefois

regarder autour de toi! La carte ne

sait pas tout! »

1. *last week*	2. *went*	3. *their*	4. *lake*
5. *about which*	6. *bought*	7. *map*	8. *started*
9. *(to) them*	10. *clothes*	11. *wore*	12. *winter jackets*
13. *boots*	14. *who*	15. *it (m.)*	16. *who*
17. *to him*	18 & 19. *nothing*	20. *no one*	21. *who*
22. *you must*			

D. Remettez le texte dans le bon ordre.
Put the events from the text in order.

1. Maurice, qui était très fatigué, voit enfin le lac.
2. L'ami de Maurice et Yves leur a parlé d'un lac au nord.
3. Ils mettent leurs vêtements chauds et partent.
4. Maurice et Yves décident d'y aller.
5. Ils se perdent dans la région et Yves essaie de lire la carte.
6. Ils achètent une carte de la région pour ne pas se perdre.

_____

_____

_____

_____

_____

E. Encerclez le bon mot à l'aide des images.
Circle the correct words with the help of the pictures.

A Les fruits qu'il a achetés sont...

      frais. / rassis.

B Au Canada, le 1er juillet est la fête

      nationale. / joyeuse.

C Elle aime porter sa robe

      à fleurs en soie. / en soie à pois.

D Ils sont _____ au Québec.

      aller / allés

F.   Mettez la bonne lettre dans chaque cercle.
Put the correct letter in each circle.

◯   Hier...

◯   Elles sont...

◯   La pomme est...

◯   La semaine prochaine...

◯   Un verbe intransitif...

◯   Un verbe transitif...

◯   Un citoyen canadien est...

◯   Je suis allé au magasin...

◯   J'ai acheté le livre dont...

◯   Nous faisons les biscuits et...

◯   Quand il pleut, je...

A   vous allez cuire de la tourtière.

B   celui qui habite au Canada.

C   où je t'ai rencontré hier.

D   porte mon imperméable.

E   a un objet indirect.

F   tombée de la table.

G   a un objet direct.

H   rentrées à l'école.

I   j'ai besoin.

J   vous les mangez.

K   tu as regardé un film.

G.   Rayez l'intrus.
Cross out the word that does not belong.

1	2	3	4
en laine	personne	les pantoufles	aller
en cuir	jamais	les baskets	descendre
à carreaux	pas	les chaussettes	monter
en viscose	point	les bottes	prendre

5	6	7	8
une fête	fini	le	où
une célébration	parti	la	qui
un festin	rempli	leur	que
une marche	joli	les	ou

H.   Reliez les mots correspondants.
Match the corresponding words.

1. fêter •   • une révolution

2. attendre •   • une célébration

3. nager •   • une question

4. bouclé(e) •   • la citoyenneté

5. grandir •   • la natation

6. célébrer •   • la pluie

7. se révolter •   • une fête

8. le parapluie •   • les boucles

9. citoyen •   • une attente

10. le point d'interrogation •   • grand(e)

Complete FrenchSmart · Grade 8

L'heure du conte

Les cadeaux des lutins

Personnages

l'orfèvre

le tailleur

le vieil homme

Un **orfèvre** et un **tailleur** ont fait un voyage. Le tailleur cherchait un emploi. L'orfèvre cherchait fortune.

« Écoute », a lancé l'orfèvre quand ils se sont approchés d'une **colline** une nuit. Les deux hommes ont entendu de la musique étrange au loin. Elle provenait de la colline. L'orfèvre était curieux. Il a dit : « Voyons qui joue de la musique. »

Réponses courtes

1. Qu'est-ce que le tailleur et l'orfèvre recherchaient?

2. Qu'est-ce qu'ils ont entendu au loin?

Ils ont marché vers le son. « Regarde! », a murmuré le tailleur en regardant un groupe de lutins qui se trouvait au **sommet** de la colline. Ils chantaient et dansaient en cercle joyeusement.

« Regardons cela de plus près », a dit l'orfèvre.

Quand ils ont atteint le sommet, un vieil homme, qui était plus grand que les autres lutins, les a invités à danser.

Venez vous joindre à nous!

Je suis tailleur. Je couds un pantalon.
I am a tailor. I am sewing a pair of trousers.

Nouveaux mots
New Words

un orfèvre : goldsmith
un tailleur : tailor
la colline : hill
le sommet : top

« Peut-être qu'il nous donnera de l'argent », a pensé l'orfèvre. Mais à sa grande horreur, il a vu le vieil homme sortir un couteau à sa ceinture. **Tout à coup**, le vieil homme a saisi l'orfèvre et rasé ses cheveux et sa barbe. **Tout de suite**, il a fait la même chose au tailleur effrayé. Les autres lutins ont ri et chanté fort.

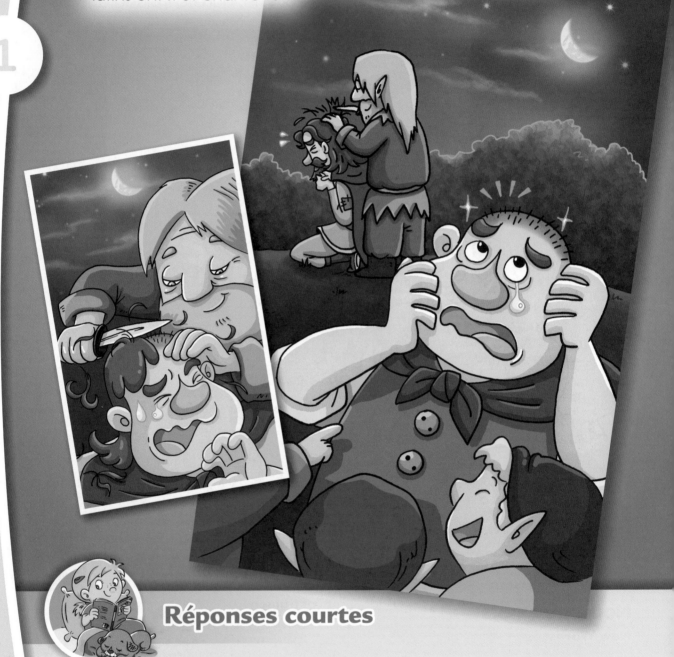

Réponses courtes

1. Qui possédait un couteau?

2. Qu'est-ce que le vieil homme a rasé?

Les deux hommes **se** sont **mis à genoux** de terreur. Le vieil homme leur a montré **un tas de** charbon.

Remplissez vos poches de charbon.

Ils les en ont remplis. Ensuite, il se sont enfuis.

Je me mets à genoux devant mon chien.
I am kneeling in front of my dog.

Nouvelles expressions
New Expressions

tout à coup : suddenly
tout de suite : immediately
se mettre à genoux : to kneel
un tas de : a pile of

Ils **se** sont **enfuis** jusqu'au pied de la colline où ils n'ont plus entendu de musique. Les voyageurs épuisés se sont déplacés afin de trouver un endroit pour se reposer. Ils **se** sont **allongés** sous un grand arbre et ils se sont endormis.

Réponses courtes

1. Jusqu'où est-ce qu'ils se sont enfuis?

2. Qu'est-ce qu'ils ont trouvé le lendemain matin?

Ils se sont réveillés le lendemain matin. Ils ont trouvé que le charbon dans leurs poches **s'était transformé en** or, et qu'avaient **repoussé** leurs cheveux et leur barbe. L'orfèvre avide a caressé son or avec enthousiasme. Il a dit : « J'en veux plus! Je vais y retourner obtenir plus de charbon ce soir! »

J'aime m'allonger sur l'herbe pour voir le ciel.
I love lying down on the grass to see the sky.

Nouveaux verbes
New Verbs

s'enfuir : to run away
s'allonger : to lie down
se transformer en : to turn into
repousser : to grow back

J'ai assez d'or, a **réfléchi** le tailleur. « Je vais t'attendre ici », lui a-t-il dit.

L'orfèvre a passé toute la journée à réfléchir à son futur or.

Réponses courtes

1. Qui est-ce que le tailleur va attendre?

2. À quoi est-ce que l'orfèvre a réfléchi toute la journée?

Ce soir-là, l'orfèvre est retourné au sommet de la colline. Encore une fois, il s'est fait couper les cheveux et la barbe par le vieil homme.

« Puis-je obtenir plus de charbon? », a demandé **avec avidité** l'orfèvre. Le vieil homme lui a **fait oui de la tête**.

Nouveaux mots
New Words

réfléchir : to think

ce soir-là : that night

avec avidité : greedily

faire oui de la tête : to nod

Le rat mange le fromage avec avidité.
The rat is eating the cheese greedily.

L'orfèvre a rempli ses poches jusqu'à ce qu'elles soient pleines de charbon. Ensuite, il est retourné montrer le charbon à son ami.

Ce soir-là, l'orfèvre a **dormi à poings fermés** tout en rêvant de son or.

Réponses courtes

1. De quoi est-ce que l'orfèvre a rempli ses poches?

2. En quoi est-ce que l'or de l'orfèvre s'est transformé?

Le lendemain matin, l'orfèvre s'est réveillé de bonne heure et il a vite vérifié ses poches. « Oh non! C'est encore du charbon! Et l'or que j'avais obtenu **la veille au soir** s'est transformé en charbon à nouveau! », a-t-il **crié au désespoir**.

Nouvelles expressions
New Expressions

Il dort à poings fermés.
He is sleeping soundly.

dormir à poings fermés : to sleep soundly
le lendemain matin : the next morning
la veille au soir : the night before
crier au désespoir : to cry in despair

L'orfèvre était horrifié. Il ne pouvait pas croire à
sa malchance.

Réponses courtes

1. Pourquoi est-ce que l'orfèvre était horrifié?

2. Est-ce que les cheveux et la barbe de l'orfèvre ont
   repoussé?

Le tailleur a plaint son ami. « Nous pouvons partager mon or »,
a proposé le tailleur, « J'en ai assez pour nous deux! »

« Merci, mon cher ami! », a lancé l'orfèvre.

> Et mes cheveux et
> ma barbe?

Le tailleur a souri à son ami en disant,
« C'est le prix de ton avidité. Une fois
que nous serons rentrés chez nous, je
t'achèterai un chapeau. »

> Je fais un gâteau en
> écoutant de la musique.
> I'm making a cake while
> listening to music.

Coin de grammaire
Grammar Corner

Le participe présent sert à exprimer une
action qui se produit en même temps
que le verbe principal.

Exemple : Ils chantent en _dansant_ joyeusement.

= Ils chantent et dansent en même temps.

(deux actions en même temps)

Est-ce que tu te rappelles?

Remplis les espaces pour compléter les phrases. Ensuite mets les événements en ordre.
Fill in the blanks to complete the sentences. Then put the events in order.

A. Un vieil homme a invité l'orfèvre et le tailler

à _____ .

B. L'orfèvre et le tailleur épuisés ont trouvé un

endroit pour _____ .

C. Le vieil homme a montré _____ à

l'orfèvre et au tailleur.

D. L'orfèvre est retourné au sommet de la colline pour _____

plus de charbon.

E. Le tailleur a expliqué à son ami que ses cheveux n'ont pas repoussé

à cause du prix de son _____ .

F. Le lendemain matin, ils ont trouvé que leur charbon

s'était transformé en _____ .

> un tas de charbon
>
> danser
>
> avidité
>
> se reposer
>
> obtenir
>
> or

Ordre d'événements

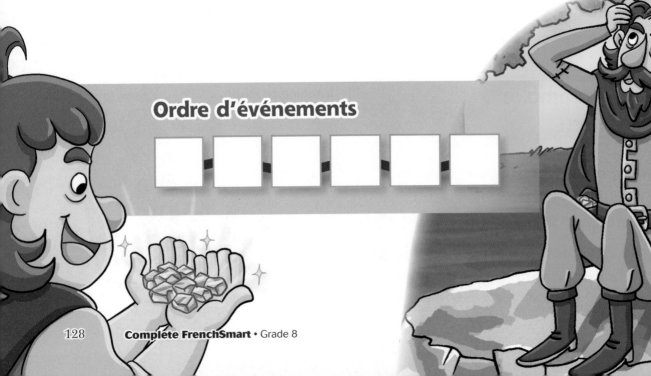

Corrige les erreurs

Corrige les erreurs d'orthographe et de conjugaison dans le paragraphe suivant.
Correct the spelling and conjugation errors in the following paragraph.

> Il y a 10 erreurs d'orthographe et 10 erreurs de conjugaison.

L'orfevre et le tailleur s'est réveillés le lendemaine matin.

Ils ont trouver que le charbon dans leur poches s'étais

transformé en or, et qu'avaient repoussé leurs cheveu et leur barbe.

L'orfèvre avide as dit qu'il voulaient plus de or et allaient obtenir plu de

charbon. Mais le tailleur a dis à son amie qu'il allais l'attendre içi. Plus

tard, l'orfèvre êtes retourné au sommet de la colline et il s'est fais couper

le cheveux et la barbe par le vieux homme.

Conjuguons ensemble

Complète les conjugaisons. Ensuite remplis les espaces avec la bonne conjugaison en utilisant « obtenir » ou « tenir ».

Complete the conjugations. Then fill in the blanks with the correct conjugation using "to obtain" or "to hold".

Obtenir
to obtain

Tenir
to hold

s
t
ons
ez
ent

	Obtenir		Tenir
j'	obt**ien**___	je	t**ien**___
tu	obt**ien**___	tu	t**ien**___
il	obt**ien**___	il	t**ien**___
elle	obt**ien**___	elle	t**ien**___
on	obt**ien**___	on	t**ien**___
nous	obten_____	nous	ten_____
vous	obten_____	vous	ten_____
ils	obt**ienn**_____	ils	t**ienn**_____
elles	obt**ienn**_____	elles	t**ienn**_____

1. _____
   Eric and John hold

2. _____
   Émilie and I obtain

3. _____
   the students obtain

4. _____
   I hold

5. _____
   you and he obtain

6. _____
   the girls hold

7. _____
   someone holds

8. _____
   Gemma obtains

9. L'orfèvre et le tailleur _____ beaucoup d'or.

Histoire 1

Conjuguons ensemble

Remplis les espaces à l'aide du tableau sur la page de gauche.
Fill in the blanks with the help of the table on the left page.

1. « Le charbon que vous _____ est incroyable », a dit le vieil homme à l'orfèvre et au tailleur.

2. « Nous _____ assez de charbon, est-ce que nous pouvons retourner chez nous? », ont-ils demandé au vieil homme.

3. Les hommes _____ ensuite leur charbon dans les poches tout en descendant la colline.

4. L'orfèvre avide a réfléchi : *Si j'_____ plus de charbon, je pourrai posséder plus d'or et deviendrai riche.*

5. Le tailleur _____ dans la main son sac d'or. Il le donne à son ami en disant : « C'est le prix de ton avidité. »

⑥ Je _____ les lampes.

⑦ J'_____ des pierres précieuses.

Résumé de l'histoire

Fais un résumé de l'histoire « Les cadeaux des lutins » à l'aide des phrases et des mots donnés.

Summarize the story "Gifts from the Elves" with the help of the given sentences and words.

Les cadeaux des lutins

cheveux

barbe

raser

avide

or

obtenir

Un soir, un orfèvre et un tailleur ont vu danser un groupe de lutins et un

vieil homme. Ils les ont invités à danser. _____

_____

_____

_____

_____

_____

_____

_____

Pal, l'ours polaire

Personnages

la mère
de Pal

Pal

le frère
de Pal

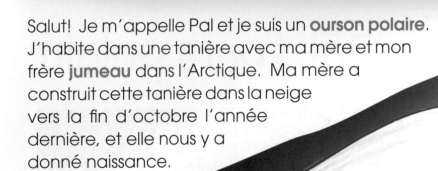

Salut! Je m'appelle Pal et je suis un **ourson polaire**. J'habite dans une tanière avec ma mère et mon frère **jumeau** dans l'Arctique. Ma mère a construit cette tanière dans la neige vers la fin d'octobre l'année dernière, et elle nous y a donné naissance.

2

Réponses courtes

1. **Avec qui est-ce que Pal habite dans l'Arctique?**

2. **Quels sont les traits physiques de Pal et de son frère à la naissance?**

Mon frère et moi sommes nés avec des yeux fermés, et nous n'avons pas pu voir pendant presque un mois. Nous avions également des poils extrêmement fins et semblions **imberbes**. Nous sommes aussi nés **édentés**. Depuis notre naissance, notre frère et moi ne nous nourrissons que du lait de notre mère. Cela contient une teneur élevée en matière grasse qui nous garde au chaud et nous nourrit.

Nous sommes jumelles.
We are twins.

Nouveaux mots
New Words

un ourson polaire : polar bear cub

jumeau (jumelle) : twin

imberbe : hairless

édenté(e) : toothless

Il fait plus chaud dans notre tanière qu'à l'extérieur grâce à la chaleur de notre corps et à l'isolation contre la neige. Tout en construisant cette tanière, notre mère a percé un petit trou de ventilation dans le plafond pour que nous puissions respirer de l'air frais.

Mon frère et moi grandissons de plus en plus tous les jours et je pense que notre tanière sera bientôt trop petite pour nous.

Réponses courtes

1. Pourquoi est-ce qu'il fait plus chaud dans la tanière qu'à l'extérieur?

2. Qu'est-ce que la mère a fait tout en construisant la tanière?

Nous sommes en avril et le printemps est arrivé. Maman pense que nous sommes assez forts pour quitter notre tanière, elle nous présente donc le monde extérieur.

Ouah, c'est tout à fait différent de notre tanière! Quel beau monde **dehors**!

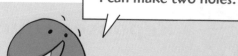

Je peux faire deux trous.
I can make two holes.

Nouveaux mots
New Words

une tanière : den
un trou : hole
un plafond : ceiling
dehors : outside

Mon frère et moi, nous nous amusons dans la neige. Bien qu'il fasse beaucoup plus de froid à l'extérieur que dans notre tanière chaude, cela ne nous **ennuie** pas parce que nous avons une couche épaisse de graisse qui nous **protège** des températures froides. Notre peau noire sous notre fourrure aide également à l'absorption de la chaleur du soleil pour nous garder au chaud. Notre fourrure est spéciale aussi – chaque poil est creux comme un tube. Cela emprisonne l'air et aide à nous garder au chaud pendant l'hiver froid arctique.

Réponses courtes

1. Qu'est-ce qui protège les ours polaires des températures froides?

2. Quelles activités est-ce que la mère encourage Pal et son frère à faire dehors?

Maman nous amène dehors plus souvent maintenant. Elle nous encourage à courir partout et à **glisser** sur la neige pour que nous **renforcions** les muscles, mais elle nous rappelle sans cesse de rester proches d'elle puisque notre survie dépend d'elle. Elle veille toujours sur nous pour s'assurer que nous sommes en sécurité.

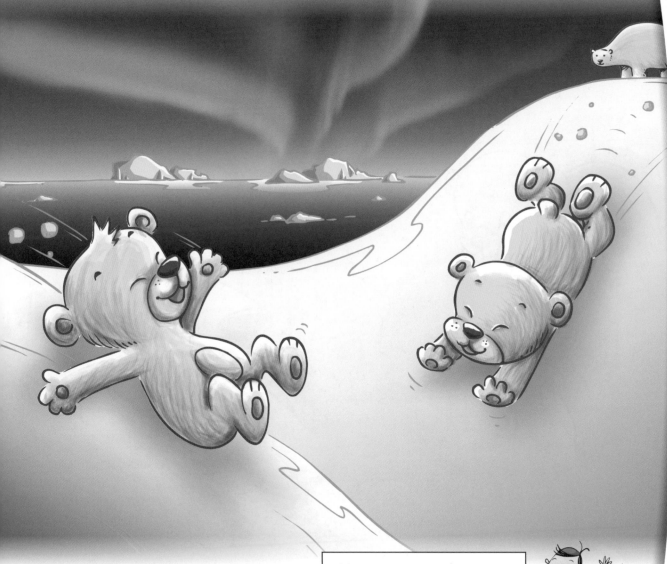

Nouveaux verbes
New Verbs

Nous aimons glisser sur une glissade.
We love sliding on a slide.

ennuyer : to annoy

protéger : to protect

glisser : to slide

renforcer : to strengthen

De plus, maman nous amène souvent aux eaux où elle chasse les animaux marins. Elle est très **soucieuse** de nous protéger, mais elle continue de nous apprendre de nouvelles compétences **exigeantes** pour que nous puissions nous protéger et survivre. Maintenant, nous apprenons à nager. Nous, ours polaires, sommes de bons nageurs!

Réponses courtes

1. Où est-ce que la mère chasse les animaux marins?

2. Quels aliments est-ce que les ours polaires mangent?

Maman dit qu'elle nous apprendra à chasser pour nous nourrir quand nous grandirons. Notre nez nous aide à sentir de la nourriture de loin. Nous aimons manger des phoques, mais nous mangeons aussi des poissons, des **mouettes**, de jeunes **morses** et des caribous. Nous mangeons également de petits rongeurs quand nous ne pouvons rien trouver. En été, lorsqu'il est difficile de chasser sur la glace de mer fondante, nous mangeons aussi des feuilles, de la mousse et des baies.

Cette mouette mange un poisson.
That seagull is eating a fish.

Nouveaux mots
New Words

soucieux(se) : worried

exigeant(e) : demanding

une mouette : seagull

un morse : walrus

Maman nous apprend aussi sur les dangers du Nord. Je n'**ai** pas **peur de** beaucoup de choses, mais maman nous a prévenus, mon frère et moi, de ne pas nous approcher des morses et des orques.

Réponses courtes

1. Selon la mère, de quels animaux est-ce que les ours polaires ne s'approchent pas?

2. Pour les ours polaires, qui est le plus grand danger? Pourquoi?

Cependant, les humains sont le plus grand danger pour nous. Ils **continuent de** chasser les ours polaires et entraînent des changements de nos habitats. Maman s'inquiète que nous perdions notre maison et ne soyons pas **capables de** survivre un jour.

La glace sur lequel nous marchons peut aussi être dangereuse. Elle se casse en petits morceaux et flotte trop loin pour nous de rentrer à la nage!

Nouvelles expressions
New Expressions

avoir peur de : to be afraid of

continuer de : to continue

capable de : to be able to

Aah! J'ai peur de cette araignée!
Aah! I'm afraid of this spider!

Maman nous dit qu'après deux ans et demi, nous serons aussi grands qu'elle. Puis mon frère et moi serons prêts à vivre seuls. Nous pourrions vivre presque 25 ans!

Réponses courtes

1. Combien d'ans est-ce que les ours polaires pourraient vivre?

2. De quoi est-ce que Pal se souviendra une fois grandi?

Une fois grandi, je verrai ma mère moins souvent, mais je l'aimerai toujours et je me souviendrai de tout ce qu'elle m'a appris pour que je puisse survivre dans ma vie.

Pour l'instant, je chéris et jouis de tous les moments que je passe avec ma mère et mon frère!

Coin de grammaire
Grammar Corner

L'expression « pour que » exige d'être toujours suivie du subjonctif.

Ex. Vous devez être à l'heure pour que nous _pouvons_ prendre notre train. (indicatif) ✗

Vous devez être à l'heure pour que nous _puissions_ prendre notre train. (subjonctif) ✔

Il faut toujours utiliser **le subjonctif** après « pour que ».

Comparer :

indicatif → subjonctif
je peux → **puisse**
tu peux → **puisses**
il/elle/on peut → **puisse**
nous pouvons → **puissions**
vous pouvez → **puissiez**
ils/elles peuvent → **puissent**

Est-ce que tu te rappelles?

Remplis les espaces pour compléter les phrases. Ensuite mets les événements en ordre.

Fill in the blanks to complete the sentences. Then put the events in order.

A. S'il est difficile de chasser, les ours polaires mangent des feuilles, de la _____ et des baies.

B. La mère _____ qu'ils perdent leur maison et ne soient pas capables de survivre.

C. Au printemps, la mère pense que Pal et son frère sont assez forts pour _____ leur tanière. Elle leur présente donc le monde extérieur.

D. La mère de Pal a construit une _____ dans la neige l'année dernière.

E. Dans l'_____ , il y a un ourson polaire qui s'appelle Pal.

F. La mère encourage Pal et son frère à courir partout et à _____ sur la neige pour qu'ils renforcent les muscles.

s'inquiète
Arctique
quitter
mousse
tanière
glisser

Ordre d'événements

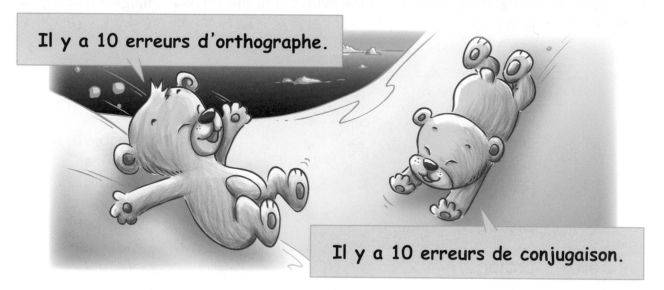

Corrige les erreurs

Corrige les erreurs d'orthographe et de conjugaison dans le paragraphe suivant.
Correct the spelling and conjugation errors in the following paragraph.

Il y a 10 erreurs d'orthographe.

Il y a 10 erreurs de conjugaison.

Pal est un ourson polair qui habites dans une tanière avec son mère et

son frère dans l'Arctique. Sa mère ont donné naissance à Pal et à son

frère dans la taniere qu'elle a construite l'année derniére. Pal et son frère

sont nes avec des yeu fermés et des poils extrèmement fins. Ils se nourrit

seulement du lait de leur mère depuis leur naissance. Au printemps, leur

mère leur présentent le monde extérieur. En hiver, ils s'amusons et glissent

sur le neige grâce a la chaleur de leur corps. Pal et sa famille aime

mangé des animaux marins. Quand il es difficile de chasser, ils mange

des feuilles, de la mousse et de baies. Après deux ans et demi, Pal et son

frère grandiront et serons prêts à vivre seuls.

Conjuguons ensemble

Complète les conjugaisons. Ensuite remplis les espaces avec la bonne conjugaison en utilisant « protéger » ou « s'inquiéter ».

Complete the conjugations. Then fill in the blanks with the correct conjugation using "to protect" or "to worry".

protéger to protect		e es ons ez ent	m' t' s'	**s'inquiéter** to worry	
je	protèg__			je	__inquiète
tu	protèg___			tu	__inquiètes
il	protèg__			il	__inquiète
elle	protèg__			elle	__inquiète
on	protèg__			on	__inquiète
nous	protège____			nous	nous inquiétons
vous	protég___			vous	vous inquiétez
ils	protèg____			ils	__inquiètent
elles	protèg____			elles	__inquiètent

1. _____
   Michelle and I worry

2. _____
   Mrs. Green protects

3. _____
   Clara and Solène worry

4. _____
   you and Manon protect

5. _____
   Jean and his brother worry

6. _____
   someone protects

7. Ma mère me _____ et _____ toujours de moi quand je m'amuse dehors.

Conjuguons ensemble

Remplis les espaces à l'aide du tableau sur la page de gauche.
Fill in the blanks with the help of the table on the left page.

1. J'aime ma mère parce qu'elle nous _____ toujours, mon frère et moi.

2. Ma mère et ma famille _____ pour la disparition de notre habitat à cause de l'humain.

3. Il faut qu'on _____ l'environnement et les ours polaires dans l'Arctique.

4. Nous _____ que la glace dans l'Arctique fonde rapidement à cause du réchauffemente de la planète.

5. La couche d'ozone, qui entoure la Terre, est protectrice parce qu'elle nous _____ du royannement solaire dangeureux.

6. La fonte rapide des glaciers dont on _____ pourrait menacer les habitats des ours polaires, ainsi que la plupart des villes côtières.

7. Les scientifiques _____ que le réchauffement de la planète puisse menacer la vie des ours polaires et d'autres animaux.

8.
Sauvons la planète, il faut qu'on l'aime et la _____ bien.

Résumé de l'histoire

Fais un résumé de l'histoire « Pal, l'ours polaire » à l'aide de la phrase et des mots donnés.

Summarize the story "Pal the Polar Bear" with the help of the given sentence and words.

une tanière

se nourrir

grandir

glisser

les nageurs

chasser

Pal est un ourson polaire qui habite dans l'Arctique avec sa mère et son

frère jumeau. _____

_____

_____

_____

_____

_____

Le tailleur de pierre

Personnages

**le tailleur
de pierre**

**l'esprit de
la montagne**

Il était une fois un **tailleur de pierre** qui était un homme simple. Il aimait son travail. Tous les jours, il taillait des **pierres** dans la grande montagne.

Réponses courtes

1. Qu'est-ce que le tailleur de pierre faisait tous les jours?

2. Qui vivait dans la montagne?

Dans la montagne, il y avait un bon **esprit** qui voulait aider les personnes.

Voilà c'est ma maison en pierre.
That is my stone house.

Nouveaux mots
New Words

un tailleur de pierre : stonecutter
une pierre : stone
un esprit : spirit

Un jour, le tailleur de pierre a **livré** des pierres chez un homme riche. Il a **découvert** beaucoup de choses de luxe dans la grande maison.

Oh, je **souhaite** vivre dans le luxe comme ça!

Alors, il a **entendu** une voix magique dire : « Vous aurez ce que vous souhaitez. » C'était la voix de l'esprit de la montagne.

Le tailleur de pierre s'est retourné, mais il n'a vu personne.

Réponses courtes

1. Qu'est-ce que le tailleur de pierre a découvert chez un homme riche?

2. Pourquoi est-ce qu'il a été étonné quand il est rentré chez lui?

Quand le tailleur de pierre est rentré chez lui, il a été étonné de voir que sa petite maison avait disparu. Ici se trouvait une belle maison majestueuse.

Il se souvenait de ce que la voix magique lui avait dit. Il était rempli de joie.

Je souhaite devenir astronaute à l'avenir.
I wish to become an astronaut in the future.

Nouveaux verbes
New Verbs

livrer : to deliver

découvrir : to discover

souhaiter : to wish

entendre : to hear

Un jour d'été très chaud, le tailleur de pierre a rencontré un prince passer en **calèche**. Le prince avait beaucoup de personnes qui s'occupaient de lui. L'une d'elles tenait un parasol pour l'abriter du soleil.

> Je souhaite être prince et faire tenir un parasol par quelqu'un quand il fait chaud!

L'esprit a entendu son souhait. Encore une fois, le tailleur de pierre a entendu : « Vous aurez ce que vous souhaitez. »

Réponses courtes

1. Quand est-ce que le tailleur de pierre a rencontré un prince?

2. En quoi est-ce que la maison du tailleur de pierre s'est transformée?

À ce moment-là, la maison du tailleur de pierre s'est transformée en grand **palais**, et il y avait une personne à côté du tailleur de pierre qui tenait un parasol **doré** pour l'abriter du soleil.

Cependant, le tailleur de pierre avait encore chaud et était mécontent. Il a regardé le soleil. Il lui semblait non affecté par tout ce qui se déroulait. *La chaleur du soleil, c'est le plus puissant*, a réfléchi le tailleur de pierre.

Je souhaite être le soleil!

« Vous aurez ce que vous souhaitez! », a dit l'esprit.

Nouveaux mots
New Words

une calèche : carriage

un palais : palace

doré : golden

la chaleur : heat

Bienvenue à mon beau palais.
Welcome to my beautiful palace.

Comme précédemment, son souhait s'est **réalisé**. Il s'est trouvé brillant dans le ciel. En effet, il était devenu soleil.

Il a **brillé** avec éclat et **brûlé** les arbres et l'herbe, ainsi que les visages des fermiers qui travaillaient dans les champs.

Réponses courtes

1. Qu'est-ce que le tailleur de pierre est devenu dans le ciel?

2. Selon le tailleur de pierre, qui était plus puissant que lui dans le ciel?

Le tailleur de pierre était heureux d'être si puissant. Mais peu de temps après, un nuage gris est venu se reposer devant lui. Celui-là a ombré toutes les choses au-dessous et fait perdre la puissance par le soleil.

« Le nuage est plus puissant que moi... », a-t-il pensé de façon désagréable. Alors, il a dit : « Je souhaite être nuage! »

Quels sont vos souhaits? Je peux vous aider à les réaliser.
What are your wishes? I can help you fulfill them.

Nouveaux verbes
New Verbs

réaliser : to fulfill

briller : to shine

brûler : to burn

perdre : to lose

Le tailleur de pierre est devenu un nuage méchant et furieux. Il a donc plu si fort que les villages et les rizières ont été inondés.

Mais un coup de vent fort est venu le disperser.

« Je veux me transformer en vent! », a-t-il lancé.

Réponses courtes

1. Est-ce que le tailleur de pierre est devenu un nuage gentil? Pourquoi ou pourquoi pas?

2. Selon le tailleur de pierre, quel objet est le plus puissant de tous?

Après que son souhait s'est réalisé, le tailleur de pierre en a profité pour souffler **n'importe quoi**. Il a **eu beau** essayer, seule la montagne où il travaillait restait intacte.

Quand le tailleur de pierre l'a vue, il a dit : « Cette montagne est la plus puissante de tous. Je veux être une grande montagne! »

« Maintenant, je suis le plus puissant! », a-t-il dit après s'être transformé en montagne.

Nouvelles expressions
New Expressions

n'importe quoi : no matter what

avoir beau + verbe : to do in vain

J'ai beau résister, le vent est encore assez fort!
However much I resist, the wind is still very strong!

Mais le lendemain, un autre tailleur de pierre est venu. Il a pris son marteau et s'est mis à frapper la montagne.

Je vois. C'est l'humain qui est plus puissant. Je souhaite d'être humain encore une fois!

Une dernière fois, l'esprit a répondu : « Vous aurez ce que vous souhaitez! »

Réponses courtes

1. Selon le tailleur de pierre, quel objet naturel est le plus puissant de tous?

2. En quoi est-ce que le tailleur de pierre s'est transformé à la fin de l'histoire? Est-ce qu'il a vécu heureux?

Le tailleur de pierre est devenu humain encore une fois. Il s'est rendu compte qu'il avait été bête. Il a taillé des pierres et s'est installé à nouveau dans sa petite maison.

Il a vécu heureux pour le reste de sa vie en tant qu'humain.

Coin de grammaire
Grammar Corner

L'accord du participe passé :

Si le participe passé est employé avec l'auxiliaire « être », il s'accorde en genre et en nombre avec le sujet.

Exemples :

1. *__Il__ s'est __installé__ dans sa maison.*
   pas d'accord

2. *__Elle__ s'est __installée__ dans sa maison.*
   e ajouté

3. *__Nous__ nous sommes __installés__ dans notre maison.*
   s ajouté

4. *__Elles__ se sont __installées__ dans leur maison.*
   e et s ajoutés

Est-ce que tu te rappelles?

Remplis les espaces pour compléter les phrases. Ensuite mets les événements en ordre.

Fill in the blanks to complete the sentences. Then put the events in order.

A. Un jour d'été très chaud, le tailleur de pierre a rencontré un prince passer en _____ .

B. Tous les jours, le tailleur de pierre _____ des pierres dans la montagne.

C. Il y avait un bon _____ qui voulait aider les personnes.

D. La maison du tailleur de pierre s'est transformée en grand _____ .

E. Le tailleur de pierre était devenu le soleil _____ .

F. Le tailleur de pierre est devenu un nuage _____ qui a plu si fort.

palais
brillant
méchant
taillait
calèche
esprit

Ordre d'événements

☐ ☐ ☐ ☐ ☐ ☐

Corrige les erreurs

Corrige les erreurs d'orthographe et de conjugaison dans les paragraphes suivants.
Correct the spelling and conjugation errors in the following paragraphs.

Orthographe : 10
Conjugaison : 10

Le tailleur de pierre étais heureux d'être si puissant. Mais peut de temps après, un nuage grise sont venu se reposer devant lui. Celui-la ont ombré tous les choses au-dessous et fait perdre la puissance par la soleil.

« Le nuage es plus puissante que moi », ai-t-il pensé de facon désagréable. Alors, il a dis : « Je souhaites être nuage! »

Il est devenue un nuage mechant et furieux. Il a plus si fort que les villages et les rizières sont été inondés.

Conjuguons ensemble

Complète les conjugaisons. Ensuite remplis les espaces avec la bonne conjugaison en utilisant « découvrir » ou « répéter ».

Complete the conjugations. Then fill in the blanks with the correct conjugation using "to find out" or "to repeat".

Découvrir			**Répéter**	
to find out		e	to repeat	
		es		
je	découvr__	ons	je	répèt__
tu	découvr___	ez	tu	répèt___
il	découvr__	ent	il	répèt__
elle	découvr__		elle	répèt__
on	découvr__		on	répèt__
nous	découvr____		nous	répét____
vous	découvr___		vous	répét___
ils	découvr____		ils	répèt____
elles	découvr____		elles	répèt____

1. _____
   François and I find out

2. _____
   Amy finds out

3. _____
   Mr. Smith repeats

4. _____
   Pierre and Marie repeat

5. _____
   someone finds out

6. _____
   you and Marc repeat

7. Les fermiers _____ qu'il fait très chaud aujourd'hui.

Conjuguons ensemble

Remplis les espaces à l'aide du tableau sur la page de gauche.
Fill in the blanks with the help of the table on the left page.

1. Tous les jours, le tailleur de pierre _____ son travail dans la montagne pour tailler des pierres.

2. Tout à coup, il _____ qu'il y a une voix magique et un esprit de la montagne.

3. Quand le prince est passé en calèche, il _____ qu'être un prince riche est son souhait.

4. Les villageois _____ que leurs maisons sont disparues à cause de l'inondation.

5. Dans l'histoire, l'esprit de la montagne _____ cette phrase : « Vous aurez ce que vous souhaitez ».

6. « Marie et Léa, _____ ces phrases après moi », leur a demandé la professeure de français.

7. Nous _____ toujours au moins six fois les mêmes choses à notre ami afin qu'il s'en souvienne.

8. Dans la grotte, nous pouvons écouter que l'écho _____ ce que nous avons dit.

9. Ce que ces plongeurs _____ au fond de la mer, c'est un coffre au trésor.

Résumé de l'histoire

Fais un résumé de l'histoire « Le tailleur de pierre » à l'aide des phrases et des mots donnés.

Summarize the story "The Stonecutter" with the help of the given sentences and words.

un esprit

puissant

souhaiter

réaliser

la montagne

humain

Un jour, le tailleur de pierre a découvert beaucoup de choses de luxe

dans la grande maison. Il a entendu une voix magique. _____

_____

_____

_____

_____

_____

Les lamas et l'inondation

Personnages

les bergers

les lamas

Il était une fois deux frères. Ils travaillaient ensemble en tant que **bergers** dans un beau pays appelé Pérou. Les bergers s'occupaient de beaucoup de **lamas** dans leur village.

Réponses courtes

1. Dans quel pays est-ce que les bergers travaillaient?

2. Qu'est-ce que les lamas broutaient?

Tous les jours, les bergers menaient leurs lamas dans les montagnes pour qu'ils broutent de l'herbe **fraîche**.

L'herbe des montagnes, c'est très **savoureux**!

Nous aimons les fruits frais et savoureux.
We love fresh and tasty fruits.

Nouveaux mots
New Words

un berger : shepherd

un lama : llama

frais (fraîche) : fresh

savoureux(se) : tasty

Un soir, quand les lamas broutaient dans les montagnes, ils ont arrêté de manger et regardé vers le ciel.

Aucun lama n'a bougé. Tous ensemble, ils regardaient le ciel.

Ça a l'air mal!

Réponses courtes

1. Pourquoi est-ce que les lamas ont arrêté de manger?

2. Qu'est-ce qu'il y avait dans les étoiles?

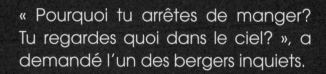

« Pourquoi tu arrêtes de manger? Tu regardes quoi dans le ciel? », a demandé l'un des bergers inquiets.

« Il y a un message important dans les étoiles », a répondu le lama le plus sage.

L'herbe que je broute est savoureuse, miam!
The grass I am grazing is tasty, yummy!

Nouveaux verbes
New Verbs

brouter : *to graze*

arrêter : *to stop*

bouger : *to move*

« Les étoiles disent qu'il y aura une **inondation dangereuse**! », a dit le lama.

Réponses courtes

1. Qu'est-ce que les étoiles ont dit aux lamas?

2. Quelle idée est-ce que les bergers ont proposée?

Les bergers sont rentrés chez eux tout de suite. Ils ont dit à leur femme et à leurs enfants ce qu'avaient dit les lamas. Ils ont proposé une idée pour éviter l'inondation.

« Il faut que nous allions aux montagnes avant l'**arrivée** de l'inondation », ont-ils décidé.

Oh non, c'est une falaise. C'est dangereux!
Oh no, it's a cliff. It's dangerous!

Nouveaux mots
New Words

une inondation : flood
dangereux(se) : dangerous
une arrivée : arrival

Le lendemain tôt, les bergers et leur femme ont **emporté** leurs affaires. Ensuite, ils ont **rassemblé** tous les autres villageois et essayé de les **prévenir** du danger.

« Les lamas nous ont prévenus qu'il y aura une grande inondation! Ils l'ont considéré comme un message des étoiles! », a crié l'un des bergers.

Mais les villageois ont ri et n'ont pas cru ce que leur avaient dit les bergers. « Ne dites pas de bêtises. Les lamas ne savent pas parler! Et il n'y a aucun message des étoiles! », ont-ils provoqué.

Réponses courtes

1.   Est-ce que les bergers ont prévenu les villageois?

2.   Est-ce que les villageois ont cru les bergers? Pourquoi?

Les villageois ont décidé de rester dans le village. Ils ne se sont pas rendus compte qu'ils étaient en danger. Ils y vivaient comme d'habitude.

Bien qu'ils **s'inquiètent** pour les autres villageois, les bergers et leur famille n'ont pas eu d'autre choix que de quitter le village. Ils ont accompagné leurs lamas aux montagnes.

Ne t'inquiète pas, mon copain. Je peux t'aider.
Don't worry, my friend. I can help you.

Nouveaux verbes
New Verbs

emporter : *to take*

rassembler : *to gather*

prévenir : *to warn*

s'inquiéter : *to worry*

4

Ils s'y sont installés et ont établi leurs foyers dans les grottes des montagnes, et puis ils ont attendu.

Réponses courtes

1. Où est-ce que les bergers et leur famille sont installés?

2. Depuis combien de mois est-ce qu'il pleuvait?

Il a bientôt commencé à **pleuvoir à verse**. Il pleuvait sans cesse depuis quatre mois. Les familles ont regardé la vallée **en dessous** et trouvé que le village avait été inondé.

« C'étaient les lamas qui **avaient raison** », a dit avec consternation l'un d'eux.

Faisons une pause en dessous de l'arbre.
Let's take a rest under the tree.

Nouvelles expressions
New Expressions

pleuvoir à verse : to rain heavily; to pour

en dessous : under; below

avoir raison : to be right

Après l'inondation, les bergers et leur famille ont quitté les lamas dans les montagnes et sont retournés au village.

C'est l'inondation qui a détruit nos foyers. Et tous les villageois sont partis!

Réponses courtes

1. Où est-ce que les lamas se trouvaient après l'inondation?

2. Pourquoi est-ce que les bergers ont remercié les lamas?

Les bergers sont revenus aux montagnes afin de remercier les lamas.

« Vous nous avez sauvés. Nous vous ferons toujours confiance », ont confirmé les bergers.

Les lamas sont des animaux sages mais craintifs. Ils sont restés sain et sauf dans les montagnes depuis ce soir-là.

> **Je nage dans la piscine tous les jours.**
> I swim in the swimming pool every day.

Coin de grammaire
Grammar Corner

« Tous » est au **masculin** et « toutes » au **féminin**. Ils s'accordent en genre et en nombre avec un nom qu'ils précèdent.

Exemples :

<u>tous les jours</u>
  m.   m.

<u>toutes les nuits</u>
  f.   f.

Est-ce que tu te rappelles?

Remplis les espaces pour compléter les phrases. Ensuite mets les événements en ordre.

Fill in the blanks to complete the sentences. Then put the events in order.

A. Les bergers ont rassemblé tous les autres villageois et essayé de les _____ du danger.

B. Les bergers ont _____ les lamas dans les montagnes et sont retournés au village.

C. Au Pérou, deux frères travaillaient en tant que _____ et s'occupaient de leurs lamas.

D. Les lamas _____ dans les montagnes et ont arrêté de manger.

E. Les lamas nous ont prévenus qu'il y aura une grande _____ .

F. Les bergers ont choisi de quitter le village et ont _____ leurs lamas dans les montagnes.

bergers
broutaient
quitté
inondation
accompagné
prévenir

Ordre d'événements

Corrige les erreurs

Corrige les erreurs d'orthographe et de conjugaison dans les paragraphes suivants.
Correct the spelling and conjugation errors in the following paragraphs.

> Il y a 10 erreurs d'orthographe et 10 erreurs de conjugaison.

Il était une fois deux berger. Ils s'occupait de beaucoup de lamas dans leur village.

Tous les jours, leurs lamas broutaient de l'herbe frais dans les montagnes. Un soir, les lamas ont arrêter de manger et regardé ver le ciel. Les etoiles leur ont dit : « Il y aurai une inondation dangereux. »

Le lendemain tot, les bergers avez emporté leur affairs avec leur famille. Ensuite, ils ont essaié de prévenir les villageoi du danger, mais ils n'ont pas crû les bergers. Les bergers se sont installé et ont établi leur foyers dans les grottes des montagnes. Il pleuvais sans cesse et le village a été inondé. Après l'inondation, les bergers sont quitté les lamas et sont retournés au village.

Story 4

Conjuguons ensemble

Complète les conjugaisons. Ensuite remplis les espaces avec la bonne conjugaison en utilisant « s'occuper » ou « rire ».

Complete the conjugations. Then fill in the blanks with the correct conjugation using "to take care" or "to laugh".

S'occuper
to take care

je	m'occup__
tu	t'occup___
il	s'occup__
elle	s'occup__
on	s'occup__
nous	nous occup____
vous	vous occup___
ils	s'occup____
elles	s'occup____

e	s
es	t
ons	ons
ez	ez
ent	ent

Rire
to laugh

je	ri__
tu	ri__
il	ri__
elle	ri__
on	ri__
nous	ri____
vous	ri___
ils	ri____
elles	ri____

1. _____
   Jean laughs

2. _____
   Marie takes care

3. _____
   Jacques and I laugh

4. _____
   someone takes care

5. _____
   François and Jean laugh

6. _____
   Mr. Dubois takes care

7. _____
   I take care

8. _____
   you and Alex laugh

9. Tous les villageois _____ des bergers
   qui les préviennent d'une inondation.

Conjuguons ensemble

Remplis les espaces à l'aide du tableau sur la page de gauche.
Fill in the blanks with the help of the table on the left page.

1. Les bergers _____ de beaucoup de lamas dans leur village.

2. Les lamas _____ parce qu'ils peuvent manger de l'herbe fraîche dans les montagnes.

3. Bien que les bergers les préviennent d'une grande inondation, les villageois les ignorent et _____ d'eux.

4. « Suivez-moi, mes amis. Je _____ de vous dans les montagnes », disent les bergers à leurs lamas quand il y a une inondation.

5. Je reste ici avec mon chien, vous _____ du vôtre là-bas.

6. Raphaël et moi ne _____ jamais des affaires des autres.

7. « Vous _____ donc toujours, Antoinette? », lui a-t-il demandé. « Oh! Je me _____ pour me faire rire », a-t-elle répondu.

8. Sylvaine _____ des enfants de trois ans dans une garderie.

9. Les enfants _____ beaucoup quand ils jouent au soccer cet après-midi.

Résumé de l'histoire

Fais un résumé de l'histoire « Les lamas et l'inondation » à l'aide de la phrase et des mots donnés.

Summarize the story "The Llamas and the Flood" with the help of the given sentence and words.

étoiles   les montagnes   l'inondation

prévenir   les villageois   se moquer de

Deux frères travaillaient en tant que bergers et s'occupaient de leurs

lamas. _____

_____

_____

_____

_____

_____

Le sac d'argent

Personnages

le mari

la femme

le géant

Il était une fois un couple. Ils habitaient une **hutte** près d'une forêt. Tous les jours, ils allaient **ensemble** à la forêt afin de couper du bois. La femme aidait son mari à ramasser le bois qu'il avait coupé et à attacher des **fagots de bois**.

Réponses courtes

1. Où est-ce que le couple habitait?

2. Pourquoi est-ce que le couple allait à la forêt?

Ils ramassaient toujours deux fagots de bois. Ils en gardaient un pour chauffer et cuisiner, et ils en vendaient un autre pour acheter de la nourriture.

Un jour, le mari a mis un fagot de bois **à l'extérieur** de sa hutte comme d'habitude.

« Nous allons vendre ce fagot de bois au marché demain », a-t-il dit à sa femme.

Faire voler les cerfs-volants à l'extérieur, c'est amusant.
Flying kites outside is fun.

Nouveaux mots
New Words

une hutte : hut

ensemble : together

un fagot de bois : bundle of wood

à l'extérieur : outside

Cependant, le lendemain matin, le fagot de bois a **disparu**! Le mari et la femme étaient choqués. Ils n'avaient aucune idée de qui l'avait **volé**. Le couple n'a pas eu d'autre choix que de recouper deux fagots de bois.

Réponses courtes

1. Qu'est-ce qui s'est passé le lendemain matin?

2. Pourquoi est-ce que le mari s'est caché derrière le fagot de bois?

Ce soir-là, le nouveau fagot de bois qu'ils avaient mis dehors a aussi disparu! Le mari était en colère. Il a proposé une idée pour **attraper** le voleur.

« Ce soir, je vais me cacher derrière ce fagot de bois afin d'attraper le voleur! », a-t-il affirmé.

Le mari s'est caché derrière le fagot de bois. Mais il s'est endormi tout en attendant le voleur. Il n'a pas remarqué qu'on a **soulevé** le fagot de bois lentement jusqu'au ciel.

J'ai besoin d'attraper ce voleur!
I need to catch this thief!

Nouveaux verbes
New Verbs

disparaître : *to disappear*

voler : *to steal*

attraper : *to catch*

soulever : *to lift*

Quand le mari **s'**est **réveillé**, il a été tellement terrifié de se trouver dans le ciel et devant un géant. Mais le géant a dit gentiment : « N'ayez pas peur. Je vous ai vu couper du bois dans la forêt tous les jours. Je veux vous aider parce que vous êtes honnête et travailleur. »

Réponses courtes

1. Qui est-ce que le mari a vu dans le ciel?

2. Est-ce que le mari était un homme paresseux?

Le géant a **retiré** un petit sac en tissu de sa poche et il le lui a donné.

> Voici un petit cadeau pour vous. Secouez ce sac et retirez-en seulement une pièce d'or par jour. **Dépensez**-la sagement.

Le mari a pris le sac et est retourné à la terre. Ensuite, il s'est dépêché de rentrer chez lui pour dire à sa femme ce qui s'était passé.

> **Je secoue mes maracas.**
> I'm shaking my maracas.

Nouveaux verbes
New Verbs

se réveiller : to wake up

retirer : to take out

secouer : to shake

dépenser : to spend

5

Ensuite, le mari a fait ce que lui avait dit le géant. Il a secoué le sac et une pièce d'or est tombée. Sa femme a dit en riant : « Nous **n'**aurons **plus** faim! »

Chaque jour, ils **ne** secouaient **qu'**une pièce d'or **à partir du** sac. Ils n'achetaient que de la nourriture dont ils avaient besoin. Ils épargnaient l'argent qui restait.

Réponses courtes

1. À quoi est-ce que le couple a dépensé leurs pièces d'or?

2. Pourquoi est-ce que le mari avait besoin de plus de pièces d'or?

Après quelques jours, la femme a annoncé joyeusement : « Nous avons épargné assez d'argent pour acheter un bœuf! »

Mais le mari voulait acheter plutôt une grande maison. Il a manqué à sa parole en retirant beaucoup de pièces d'or du sac **en même temps**.

> Nous avons besoin de plus de pièces d'or pour construire notre nouvelle maison.

> Nous ne sommes que deux grenouilles dans cet étang.
> We are the only two frogs in this pond.

Nouvelles expressions
New Expressions

ne...plus : no longer

ne...que : only

à partir de : from

en même temps : at the same time

Le mari a payé bien des **ouvriers** pour les aider à construire une grande maison. Mais une fois que la maison a été construite, le couple s'est rendu compte qu'**aucune** pièce n'est tombée du sac.

« Oh non! En ce moment, il n'y a plus d'argent pour acheter de la nourriture! », a dit avec consternation la femme.

Réponses courtes

1. Qu'est-ce qui s'est passé après que leur maison avait été construite?

2. Où est-ce que le couple se trouvait au réveil?

Pire encore, le **lendemain matin** au réveil, le couple a découvert qu'ils se trouvaient de nouveau dans leur vieille hutte **miteuse**. Leur nouvelle maison avait disparu!

Il n'y a aucune feuille dans cet arbre.
There are no leaves in this tree.

Nouveaux mots
New Words

un ouvrier : worker

aucun(e) : no

le lendemain matin : next morning

miteux(se) : shabby

Le mari s'est rendu compte qu'il n'aurait pas dû être avide.

Tout à coup, il a entendu sa femme appeler : « Regarde! Quelqu'un nous a laissé un bœuf! Et nous avons encore notre vieille hache. »

5

Réponses courtes

1. De quoi est-ce que le mari s'est rendu compte?

2. Est-ce que le couple était heureux à la fin?

Le lendemain, le couple a coupé du bois dans la forêt comme auparavant.

« Ne sois pas triste », l'a réconforté sa femme, « Au moins nous avons ce bœuf! Et tu as appris à ne plus être avide. »

Dès lors, le mari et la femme ont vécu une vie simple et heureuse dans leur vieille hutte.

Coin de grammaire
Grammar Corner

« Œ » ou « œ » est une ligature, c'est-à-dire une lettre composée de deux lettres. On la dit aussi « e dans l'o » en français.

Exemples :

chœur

bœuf

Œdipe *(un héro de la mythologie grecque)*

Est-ce que tu te rappelles?

Remplis les espaces pour compléter les phrases. Ensuite mets les événements en ordre.

Fill in the blanks to complete the sentences. Then put the events in order.

A. Le mari a été terrifié de se trouver dans le ciel et devant un _____ .

B. Un jour, le mari a mis un fagot de _____ à l'extérieur de sa hutte.

C. Le mari et la femme habitaient une _____ près d'une forêt où ils coupaient du bois.

D. Chaque jour, le couple secouait seulement une pièce d'_____ à partir du sac.

E. Le géant a donné au mari un petit _____ en tissu.

F. La femme a dit à son mari : « Regarde! Quelqu'un nous a laissé un _____ et une vieille _____ . »

Ordre d'événements

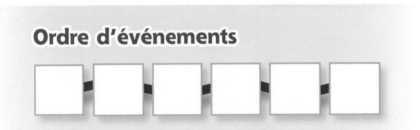

Story 5

À l'écrit

Mets les mots dans le bon ordre pour former des phrases complètes.

Put the words in the correct order to form complete sentences.

A   aidait   à   bois

La femme   ramasser

mari   son   le

B   qu'   dehors   disparu

ils   **Le fagot de bois**   a

mis   aussi   avaient

C   aider   vous   parce   que

Je   veux   êtes   vous   et

honnête   travailleur

D   épargné   d'argent   **Nous**

pour   avons   acheter

un   assez   bœuf

E   n'achetaient   la   besoin

Ils   dont   ils   avaient

que   de   nourriture

A _____

B _____

C _____

D _____

E _____

Conjuguons ensemble

Complète les conjugaisons. Ensuite remplis les espaces avec la bonne conjugaison en utilisant « construire » ou « acheter ».

Complete the conjugations. Then fill in the blanks with the correct conjugation using "to build" or "to buy".

Construire
to build

je	construi__
tu	construi__
il	construi__
elle	construi__
on	construi__
nous	construi_____
vous	construi____
ils	construi_____
elles	construi_____

(pear: s t sons sez sent / e es ons ez ent)

Acheter
to buy

j'	achèt__
tu	achèt___
il	achèt__
elle	achèt__
on	achèt__
nous	achet____
vous	achet___
ils	achèt____
elles	achèt____

1. _____
you (sg.) buy

2. _____
he builds

3. _____
Mr. and Mrs. Dubois build

4. _____
Jean and Paul buy

5. _____
Amélie buys

6. _____
Jeanne and I buy

7
Est-ce que tu _____ une grande maison avec moi?

Conjuguons ensemble

Remplis les espaces à l'aide du tableau sur la page de gauche.
Fill in the blanks with the help of the table on the left page.

1. Grâce aux pièces d'or du sac d'argent, les ouvriers _____ une grande maison pour le couple.

2. La femme veut épargner assez d'argent pour acheter un bœuf tandis que le mari veut _____ une grande maison.

3. « Qu'est-ce que vous _____ pour l'anniversaire de vos amis? », nous a demandé M. Tremblay pendant la leçon.

4. Le gouvernement _____ des maisons et des écoles dans cette région qui a été frappée par un tremblement de terre.

5. Pour encourager des gens à conduire moins, on _____ des pistes cyclables afin qu'ils se déplacent à vélo en ville.

6. Mes amis et moi _____ un nouveau pont en bois qui franchit le ruisseau.

7. « _____-vous toujours vos vêtements en solde? », demande cette enquête.

8. En français, les verbes au passé composé se _____ avec « avoir » ou « être ».

9. Au supermarché, beaucoup de fruits frais tels que les oranges, les fraises et les bananes s'_____ à des prix réduits en cette saison.

Résumé de l'histoire

Fais un résumé de l'histoire « Le sac d'argent » à l'aide de la phrase et des mots donnés.

Summarize the story "The Money Bag" with the help of the given sentence and words.

les fagots de bois

les pièces d'or

un géant

tombée

se transformer

secouer

Un couple habitait une hutte près d'une forêt où ils allaient pour couper

du bois. _____

_____

_____

_____

_____

Les temps verbaux
Verb Tenses

Les verbes en français, comme les verbes en anglais, ont des temps verbaux selon le temps, la personne et le mode.

French verbs, like English, have tenses according to time, person, and mood.

Il faut qu'on emploie des temps verbaux correctement.

Apprendre les temps verbaux, c'est amusant!

Indicatif

- **Présent :**

  to show a present action or a fact

  e.g. On **parle** français et anglais au Canada.

- **Passé composé :**

  to express an action at a particular time in the past

  e.g. C'est le spectacle dont nous **avons parlé** hier soir.

- **Imparfait :**

  to express a habitual action in the past

  e.g. Les amies d'Hélène se **parlaient** tous les jours.

- **Plus-que-parfait :**

  to express an action taking place before another past action

  e.g. Tu en **avais parlé** avant l'arrivée de Paul.

- **Passé simple :**

  a literary past tense used in formal writing such as literature

  e.g. « Soudain les hommes et vous **parlâtes** », dit l'histoire.

- **Futur simple :**

  to express an action in the future

  e.g. Le professeur **parlera** d'une histoire intéressante.

- **Futur antérieur :**

  to express an action that will have been done in the future

  e.g. Dans cinq minutes, j'**aurai parlé** d'une histoire intéressante.

Subjonctif présent

- to express emotions, requirements, or wishes; usually used with "que"

  e.g. Le professeur veut que vous **parliez** bien français.

Conditionnel présent

- to make a polite request

  e.g. **Parleriez**-vous français avec moi?

Impératif

- to express an order or a command

*Ne **parlez** pas fort! C'est bruyant.*

Participes

- **Présent :**

  to form gerund, usually used with "en"

  e.g. En **parlant** français, il habite dans un pays francophone.

- **Passé :**

  usually used to form compound tenses

  e.g. Vous aurez **parlé**.

Les tableaux de conjugaison
Conjugation Charts

Les tableaux de conjugaison suivants montrent des verbes réguliers en « -er », « -ir » et « -re » à différents temps et modes.

The following conjugation charts show regular "-er", "-ir", and "-re" verbs in different tenses and moods.

Indicatif		Présent	Passé composé	Imparfait
« -er » **Parler** to speak	je/j'	parle	ai parlé	parlais
	tu	parles	as parlé	parlais
	il/elle	parle	a parlé	parlait
	on	parle	a parlé	parlait
	nous	parlons	avons parlé	parlions
	vous	parlez	avez parlé	parliez
	ils/elles	parlent	ont parlé	parlaient
« -ir » **Choisir** to choose	je/j'	choisis	ai choisi	choisissais
	tu	choisis	as choisi	choisissais
	il/elle	choisit	a choisi	choisissait
	on	choisit	a choisi	choisissait
	nous	choisissons	avons choisi	choisissions
	vous	choisissez	avez choisi	choisissiez
	ils/elles	choisissent	ont choisi	choisissaient
« -re » **Vendre** to sell	je/j'	vends	ai vendu	vendais
	tu	vends	as vendu	vendais
	il/elle	vend	a vendu	vendait
	on	vend	a vendu	vendait
	nous	vendons	avons vendu	vendions
	vous	vendez	avez vendu	vendiez
	ils/elles	vendent	ont vendu	vendaient

Plus-que-parfait	Passé simple	Futur simple	Futur antérieur
avais parlé	parlai	parlerai	aurai parlé
avais parlé	parlas	parleras	auras parlé
avait parlé	parla	parlera	aura parlé
avait parlé	parla	parlera	aura parlé
avions parlé	parlâmes	parlerons	aurons parlé
aviez parlé	parlâtes	parlerez	aurez parlé
avaient parlé	parlèrent	parleront	auront parlé
avais choisi	choisis	choisirai	aurai choisi
avais choisi	choisis	choisiras	auras choisi
avait choisi	choisit	choisira	aura choisi
avait choisi	choisit	choisira	aura choisi
avions choisi	choisîmes	choisirons	aurons choisi
aviez choisi	choisîtes	choisirez	aurez choisi
avaient choisi	choisirent	choisiront	auront choisi
avais vendu	vendis	vendrai	aurai vendu
avais vendu	vendis	vendras	auras vendu
avait vendu	vendit	vendra	aura vendu
avait vendu	vendit	vendra	aura vendu
avions vendu	vendîmes	vendrons	aurons vendu
aviez vendu	vendîtes	vendrez	aurez vendu
avaient vendu	vendirent	vendront	auront vendu

Les tableaux de conjugaison
Conjugation Charts

	Subjonctif	Conditionnel	Impératif	Participes
« -er » **Parler** to speak	**Présent** que je parle que tu parles qu'il/elle parle qu'on parle que nous parlions que vous parliez qu'ils/elles parlent	**Présent** je parlerais tu parlerais il/elle parlerait on parlerait nous parlerions vous parleriez ils/elles parleraient	**Présent** parle parlons parlez *Parlons français!*	**Présent** parlant **Passé** parlé
« -ir » **Choisir** to choose	**Présent** que je choisisse que tu choisisses qu'il/elle choisisse qu'on choisisse que nous choisissions que vous choisissiez qu'ils/elles choisissent	**Présent** je choisirais tu choisirais il/elle choisirait on choisirait nous choisirions vous choisiriez ils/elles choisiraient	**Présent** choisis choisissons choisissez	**Présent** choisissant **Passé** choisi *Choisissez le manteau que vous préférez.*
« -re » **Vendre** to sell	**Présent** que je vende que tu vendes qu'il/elle vende qu'on vende que nous vendions que vous vendiez qu'ils/elles vendent	**Présent** je vendrais tu vendrais il/elle vendrait on vendrait nous vendrions vous vendriez ils/elles vendraient	**Présent** vends vendons vendez *Ils ont vendu du pain et des gâteaux.*	**Présent** vendant **Passé** vendu

To make your conjugation book, cut out Pages 209 to 212. Cut along the dotted lines to make six spread pages. Fold the spread pages and put them in order. Then staple them.

Mon livre de Conjugaison
My Conjugation Book

vivre
p.p. : vécu
to live

je	vis
tu	vis
il	vit
elle	vit
on	vit
nous	vivons
vous	vivez
ils	vivent
elles	vivent

21

acheter — établir
acheter — p.p. : acheté — to buy
établir — p.p. : établi — to establish

	acheter	établir
j'	achète	établis
tu	achètes	établis
il	achète	établit
elle	achète	établit
on	achète	établit
nous	achetons	établissons
vous	achetez	établissez
ils	achètent	établissent
elles	achètent	établissent

2

coudre — craindre
coudre — p.p. : cousu — to sew
craindre — p.p. : craint — to be afraid

	coudre	craindre
je	couds	crains
tu	couds	crains
il	coud	craint
elle	coud	craint
on	coud	craint
nous	cousons	craignons
vous	cousez	craignez
ils	cousent	craignent
elles	cousent	craignent

19

Regardez le bonhomme de neige que nous avons construit.

4

	pratiquer p.p. : pratiqué *to practise*	**organiser** p.p. : organisé *to organize*
je/j'	pratique	organise
tu	pratiques	organises
il	pratique	organise
elle	pratique	organise
on	pratique	organise
nous	pratiquons	organisons
vous	pratiquez	organisez
ils	pratiquent	organisent
elles	pratiquent	organisent

1

C'est le nid où vivent ces petits oiseaux.

22

	construire p.p. : construit *to build*	**produire** p.p. : produit *to produce*
je	construis	produis
tu	construis	produis
il	construit	produit
elle	construit	produit
on	construit	produit
nous	construisons	produisons
vous	construisez	produisez
ils	construisent	produisent
elles	construisent	produisent

3

	reconnaître p.p. : reconnu *to recognize*	**disparaître** p.p. : disparu *to disappear*
	reconnais	disparais
	reconnais	disparais
	reconnaît	disparaît
	reconnaît	disparaît
	reconnaît	disparaît
	reconnaissons	disparaissons
	reconnaissez	disparaissez
	reconnaissent	disparaissent
	reconnaissent	disparaissent

20

	ouvrir p.p. : ouvert *to open*	**obtenir** p.p. : obtenu *to obtain*
j'	ouvre	obtiens
tu	ouvres	obtiens
il	ouvre	obtient
elle	ouvre	obtient
on	ouvre	obtient
nous	ouvrons	obtenons
vous	ouvrez	obtenez
ils	ouvrent	obtiennent
elles	ouvrent	obtiennent

5

Hélène se peigne les cheveux longs.

18

	se peigner p.p. : peigné to comb	gagner p.p. : gagné to win
je	me peigne	gagne
tu	te peignes	gagnes
il	se peigne	gagne
elle	se peigne	gagne
on	se peigne	gagne
nous	nous peignons	gagnons
vous	vous peignez	gagnez
ils	se peignent	gagnent
elles	se peignent	gagnent

17

	essayer p.p. : essayé to try	balayer p.p. : balayé to sweep
je	essaie/essaye	balaie/balaye
tu	essaies/essayes	balaies/balayes
il	essaie/essaye	balaie/balaye
elle	essaie/essaye	balaie/balaye
on	essaie/essaye	balaie/balaye
nous	essayons	balayons
vous	essayez	balayez
ils	essaient/essayent	balaient/balayent
elles	essaient/essayent	balaient/balayent

6

	obéir p.p. : obéi to obey	cueillir p.p. : cueilli to pick
je/j'	obéis	cueille
tu	obéis	cueilles
il	obéit	cueille
elle	obéit	cueille
on	obéit	cueille
nous	obéissons	cueillons
vous	obéissez	cueillez
ils	obéissent	cueillent
elles	obéissent	cueillent

15

Un spectacle de talent
A talent show

Les élèves s'assoient pour regarder le spectacle.

8

	recevoir p.p. : reçu to receive	promouvoir p.p. : promu to promote
je	reçois	promeus
tu	reçois	promeus
il	reçoit	promeut
elle	reçoit	promeut
on	reçoit	promeut
nous	recevons	promouvons
vous	recevez	promouvez
ils	reçoivent	promeuvent
elles	reçoivent	promeuvent

13

	cuire p.p. : cuit to cook/to bake
je	cuis
tu	cuis
il	cuit
elle	cuit
on	cuit
nous	cuisons
vous	cuisez
ils	cuisent
elles	cuisent

Qu'est-ce que tu as cuit, maman?

10

s'asseoir
p.p. : assis
to sit

je	m'assois/m'assieds
tu	t'assois/t'assieds
il	s'assoit/s'assied
elle	s'assoit/s'assied
on	s'assoit/s'assied
nous	nous assoyons/nous asseyons
vous	vous assoyez/vous asseyez
ils	s'assoient/s'asseyent
elles	s'assoient/s'asseyent

7

croître
p.p. : crû
to grow

	croîs
	croîs
	croît
	croît
	croît
	croissons
	croissez
	croissent
	croissent

J'ai 14 mois, mais j'ai déjà crû beaucoup.

16

servir / se souvenir
servir p.p. : servi — *to serve*
se souvenir p.p. : souvenu — *to remember*

	servir	se souvenir
je	sers	me souviens
tu	sers	te souviens
il	sert	se souvient
elle	sert	se souvient
on	sert	se souvient
nous	servons	nous souvenons
vous	servez	vous souvenez
ils	servent	se souviennent
elles	servent	se souviennent

9

promettre / permettre
promettre p.p. : promis — *to promise*
permettre p.p. : permis — *to allow*

	promettre	permettre
	promets	permets
	promets	permets
	promet	permet
	promet	permet
	promet	permet
	promettons	permettons
	promettez	permettez
	promettent	permettent
	promettent	permettent

14

peindre / éteindre
peindre p.p. : peint — *to paint*
éteindre p.p. : éteint — *to turn off*

	peindre	éteindre
je/j'	peins	éteins
tu	peins	éteins
il	peint	éteint
elle	peint	éteint
on	peint	éteint
nous	peignons	éteignons
vous	peignez	éteignez
ils	peignent	éteignent
elles	peignent	éteignent

11

se promener
p.p. : promené
to take a walk

	me promène
	te promènes
	se promène
	se promène
	se promène
	nous promenons
	vous promenez
	se promènent
	se promènent

Manon se promène avec son chien.

12

1 Les salutations
Greetings

B. A : Salut Louis! Comment vas-tu?
   B : Bonjour! Ça va bien, merci, et toi?
   C : Ça va bien.   D : À plus tard!

C. 1. Ce   2. Cette   3. Cet   4. Ces
    5. ce   6. Ce   7. Ces

D. 1. ceux
    2. celles-là sont jolies aussi
    3. remplis celui-là
    4. préférons ceux-là
    5. envoyez celle-là
    6. dessines celui-là
    7. celles-là

E. 1. le nuage   2. le sandwich
    3. les devoirs   4. l'autobus
    5. la couleur   6. les plantes
    7. le train

F. 1. Répondez-vous à la question de Zoé ou à celle d'Olivier?
    2. Je prends cette rue-ci et tu prends celle-là.
    3. Ce livre-ci est très intéressant, mais celui-là est inintéressant.
    4. Tes lunettes sont plus jolies que celles-là.
    5. Quel train prends-tu? Le train à 7 h ou celui à 8 h?

G. 1. J'aime ce manteau-ci. Je n'aime pas celui-là.
    2. Ce chien-ci est petit. Celui-là est grand.
    3. Ces livres sont à Claire. Ceux-là sont à Luc.
    4. Nous voulons les bonbons-ci. Nous ne voulons pas ceux-là.

2 Le voyage
Travelling

A. 1. l'aéroport   2. l'arrêt
    3. l'arrivée   4. le départ
    5. la destination   6. le lieu
    7. le passeport   8. le port
    9. la station   10. la valise
    11. la ville   12. le voyage

B. A : la ville   B : la valise
    C : l'arrêt   D : le passeport
    E : le départ   F : l'arrivée

C. l'aéroport ; voyage ; valises ; passeports ; ville ; arrêt ; destination

D. 1. Ils y jouent souvent au soccer.
    2. J'y vais avec mon père.
    3. Vous y trouvez la carte.
    4. Nous y attendons l'autobus.
    5. Marie y va à pied.

E. 1. Ils en rêvent.
    2. Tu en manges.
    3. Il en mange trop.
    4. J'en ai.
    5. Vous en avez peur.
    6. Nous en avons besoin pour jouer au tennis.
    7. Marie en parle beaucoup.

F. y ; y ; en ; en ; en ; y

G. 1. en   2. y vais   3. y est
    4. en avons besoin   5. j'en veux

H. 1. n' ; pas
    2. n'en ai plus besoin
    3. n'en rêve point
    4. n'y attendent plus
    5. n'y est plus
    6. n'y vais jamais la nuit

3 Les expressions avec « avoir »
Expressions with "Avoir"

A. 1. avons chaud ; a chaud
    2. a froid ; ont froid
    3. avez raison ; ai raison
    4. ont tort ; avez tort
    5. ont soif ; a soif
    6. ai honte ; as honte
    7. avez envie de ; a envie
    8. a mal ; avons mal
    9. A : avons faim ; as faim
       B : a peur de ; a peur
       C : a sommeil ; a sommeil
       D : a besoin d' ; avez besoin d'
    10. a de la chance ; avez de la chance
    11. a l'air ; avez l'air
    12. ont du mal à ; ai du mal à
    13. a ; a
    14. as le droit de ; avez le droit de

B. A. Maurice a faim.
    B. Nous avons peur.
    C. Vous avez raison.
    D. Didier et Jacques ont soif.
    E. Ma mère a 53 ans.
    F. J'ai sommeil.
    G. Les mains de Jacqueline ont froid.

Réponses Answers

H. Son front a très chaud.
C. 1. chaud ; mal ; besoin
2. tort ; envie ; besoin
3. affamés ; faim ; soif
4. soif ; fatigués ; envie
D. 1. C'est lundi et Olivier se réveille à 8 h.
2. Olivier a soif quand il se réveille.
3. Il cherche de l'eau à la salle de bain.
4. Aujourd'hui, il a envie de porter son chandail vert avec son short bleu.
5. Il est obligé de porter son chandail rouge parce qu'il a du mal à trouver son chandail vert.
6. À l'école, il a très chaud parce que son chandail rouge est trop épais.
7. D'habitude, il va au parc pour jouer au soccer.
8. Aujourd'hui, Henri et Marc jouent au soccer avec Olivier.
9. Pierre n'est pas là parce qu'il a mal à la jambe.
10. Olivier porte son tee-shirt de soccer numéro 7 quand il joue au soccer.
11. « Profiter du temps » veut dire « to make the most of the weather » en anglais.

4 Les professions
Careers

A. 1. une médecin   2. une auteure
3. une avocate   4. une dentiste
5. une artiste   6. une policière
7. une pompière   8. une actrice
9. un infirmier   10. un boulanger
11. un facteur   12. un mécanicien
13. un conducteur 14. un serveur
15. un chanteur   16. un scientifique
B. 1. le médecin   2. Les avocats
3. Les artistes   4. Les facteurs
5. acteurs
C. 1. Renée aime la chanteuse qui chante des chansons d'amour.
2. Le conducteur monte dans son autobus qui est très grand.
3. Ce sont des acteurs qui ont beaucoup de talent.
4. C'est un pompier qui est très courageux.
D. 1. C'est un livre de français que Marie veut avoir.

2. C'est une lettre que la factrice va distribuer.
3. Ce sont des chansons que le chanteur aime.
4. Le boulanger fait des croissants que mon frère aime.
5. Mme Leblanc me donne des bonbons que Lucie n'aime pas.
E. que ; qui ; que ; que ; qui ; que ; qui
F. 1. qui
2. Une chanteuse est une femme que le chef d'orchestre guide.
3. Un facteur est un homme qui distribue les lettres.
4. Une artiste est une femme qui crée de l'art.
5. Un scientifique est un homme qui étudie les sciences.
G. 1. the bank which is on the first floor.
2. Théo ; la pomme ; Théo, who adores fruit, is looking at the apple that he is going to eat after dinner.
3. L'autobus ; The bus that you take to go to school every day does not come on the weekend.
4. L'artiste ; des couleurs ; The artist, who is in the street, is using colours which I do not like.
5. Les musiciens ; la salle ; The musicians, who play the violin, are in the hall that is on the second floor.
6. La chanteuse ; celle ; The singer that my mother adores is the one that I like least.

5 Les expressions avec « faire »
Expressions with "Faire"

B. 1. fait   2. faire
3. Faites ; faire   4. fait ; faisons
C. 1. Je fais une promenade.
2. Nous faisons du bateau.
3. Elle fait la cuisine.
4. Nous faisons un pique-nique.
5. Il fait des courses / des achats / du magasinage.
6. Elle fait la lessive.
D. 1. Je fais une promesse à Susie.
2. Nous faisons du sport.
3. Il fait du magasinage / des courses / des achats.
4. Ils / Elles font un gâteau.
5. Vous faites la fête.

6. Les oignons font pleurer mon père.

7. Je dois faire un feu.

8. Elle vient de faire une remarque.

E. 1. lessive   2. courses

3. gâteaux   4. devoirs

5. somme   6. promesse

7. sport

F. 1. fait   2. On fait des courses.

3. On doit faire une promesse.

4. On fait une promenade.

5. On fait une grande faute.

6. On doit faire attention aux enfants.

7. On est à la porte.

G. A : Il faut manger des légumes. ; On doit manger des légumes.

B : Il faut faire la lessive. ; On doit faire la lessive.

C : Il faut attendre le train. ; On doit attendre le train.

D : Il faut faire une promesse. ; On doit faire une promesse.

E : Il faut faire ses devoirs. ; On doit faire ses devoirs.

F : Il faut faire attention. ; On doit faire attention.

6 Le transport
Transportation

A. 1. le train   2. vélo

3. le taxi   4. la motocyclette

5. avion   6. l'autobus

7. la voiture   8. Le camion

B. F ; B ; G ; A ;
H ; D ; E ; C

C. 1. la montgolfière ; un ballon dirigeable ; l'hélicoptère

2. la poussette ; le tracteur ; les patins à roulettes ; l'ambulance

3. le bateau

D. 1. plus effrayée que ; la plus effrayée

2. moins inquiète que ; plus inquiète que

3. aussi triste que ; plus triste que ; le plus triste

E. 1. La robe rouge est bonne, la robe blanche est meilleure, mais la robe jaune est la meilleure.

2. Le petit kiwi est mauvais, le kiwi moyen est pire, mais le grand kiwi est le pire.

3. Le train A est rapide, le train B est plus rapide, mais le train C est le plus rapide.

4. Sarah est jolie, Julie est plus jolie, mais Catherine est la plus jolie.

F. 1. Auguste s'arrête près du vélo de Gabrielle.

2. Quand il voit le vélo dans la rue, il se dit : « Mon vélo est beau, mais celui-ci est le plus beau vélo au monde! ».

3. Gabrielle possède ce vélo.

4. Non, le vélo n'est pas vieux.

5. On dit que le vélo de Gabrielle est le plus rapide au monde.

6. On dit que le siège du vélo de Gabrielle est plus moelleux que les nuages.

7. Auguste n'est plus de bonne humeur parce qu'il voit que le vélo de Gabrielle est meilleur que le sien.

8. Le vélo d'Auguste est si spécial parce que c'est son père qui le lui a donné.

9. Son vélo est comparé au vent parce qu'il est très rapide.

7 La Francophonie
The French-speaking World

B. 1. centre   2. communauté

3. dialecte   4. majorité

C. (Réponses individuelles)

D. 1. connaît   2. savons

3. connaît   4. savent

5. connais   6. connaissez

7. connais

E. 1. Le français est une des deux langues officielles au Canada.

2. À l'OIF, on cherche à soutenir la culture et la langue française dans le monde.

3. Le français est la langue maternelle de la plupart des Français. Oui, il existe plusieurs dialectes du français qui sont parlés dans le monde.

4. OIF correspond à l'Organisation international de la Francophonie. La devise de l'organisation est « égalité, complémentarité, solidarité! ».

F. 1. la position de tous les pays francophones sur la carte.

2. qu'en Égypte le français est une langue de culture.

3. le plat national de l'Algérie : « le couscous ».

4. jouer au fanorona, un jeu traditionnel de Madagascar.

G. 1. Je connais le centre francophone que tu cherches.
   2. Je sais que la province de Québec est francophone.
   3. Elle connaît le dialecte du français que l'on parle au Nouveau-Brunswick.
   4. Tu sais danser le « mapakaté », la danse traditionnelle de la Côte d'Ivoire.

8 Les adverbes
Adverbs

B. 1. dehors ; près ; loin
   2. déjà ; tôt ; parfois / quelquefois
C. 1. Il est assez gentil et il va nous aider.
   2. Nous sommes toujours chez moi.
D. 1. Le raton laveur ne fouille jamais dans la poubelle. ; The raccoon never rummages in the garbage.
   2. Vous dormez là, à côté de moi. ; You sleep there, beside me.
   3. Charlie arrache toujours les fleurs du jardin. ; Charlie always rips out the flowers in the garden.
   4. Je vois mes chandails partout! ; I see my shirts everywhere!
   5. J'habite près de l'école. ; I live near the school.
E. 1. heureusement ; happily / luckily
   2. lentement ; slowly
   3. courageusement ; bravely / courageously
   4. légèrement ; lightly / slightly
   5. correctement ; correctly
   6. poliment ; politely
   7. sérieusement ; seriously
   8. calmement ; calmly
   9. lourdement ; heavily
   10. longuement ; for a long time / at length
   11. vraiment ; truely / really
   12. facilement ; easily
F. 1. ✔ délicieusement ; délicieux
   2. ✔ tristement ; triste
   3. ✔ poliment ; poli
   4. ✔ bizarrement ; bizarre
   5. ✔ drôlement ; drôle
   6. ✔ rapidement ; rapide
G. A : Le bébé joue heureusement.
   B : Enfin, nous jouons correctement.

C : J'attends calmement l'autobus.
D : Peut-être que nous pouvons marcher plus lentement aujourd'hui.

La révision 1
Revision 1

A. A : Comment : aujourd'hui
   B : destination ; voyage ; ville
   C : mal ; soif ; envie
   D : dentiste ; que ; qui
   E : doit ; devoirs ; faire
   F : vélo ; métro ; plus ; le plus ; pied
   G : centre ; langue ; communauté
   H : dehors ; souvent ; ici
B. 1. faux   2. vrai   3. vrai
   4. faux   5. vrai   6. vrai
C. 1. Salut   2. voyage   3. Suisse
   4. Ici   5. langues officielles
   6. connaît   7. langue maternelle
   8. doit   9. passeports
   10. puis / ensuite 11. valises
   12. l'aéroport   13. taxi
   14. avons de la chance
   15. Destination   16. le conducteur
   17. ville   18. qui
   19. qui   20. avez raison
   21. sais   22. demande
   23. connais
D. 3 ; 4 ; 6 ; 1 ; 5 ; 7 ; 2
E. A : de la lecture.   B : soif.
   C : pleurer.   D : mal à la tête.
F. H ; D ; I ; C ; B ;
   J ; E ; F ; A ; G
G. 1. une valise   2. une médecin
   3. une montgolfière
   4. une majorité
   5. Haïti   6. dehors
   7. cette valise   8. l'autobus
H. 1. avoir froid   2. un policier
   3. bonjour   4. nulle part
   5. le départ   6. la vaisselle
   7. bonsoir   8. les courses

9 Le passé composé
The Past Tense

B. 1. transitif ; son histoire

2. intransitif

3. transitif ; nos devoirs

4. intransitif

5. transitif ; une pomme

6. intransitif

7. transitif ; la poussette

8. transitif ; l'autobus

9. intransitif

10. transitif ; ma sœur, mes frères et toute ma famille

C. 1. ai ; parlé ; a parlé ; avons parlé ; avez parlé ; ont parlé

2. fini ; as ; a fini ; avons fini ; avez fini ; ont fini

3. ai lu ; lu ; a lu ; avons lu ; avez lu ; ont lu

D. 1. avons   2. a ; est   3. est

4. a   5. es   6. as

7. ont ; ont   8. êtes   9. sommes

E. 1. écouté   2. retourné(e)

3. partie   4. aimé

5. entré(e)(s)   6. descendues

7. attendu   8. fini

9. sortie   10. devenu(e)s

F. sont allés ; sont arrivés ; a demandé ; a répondu ; a ; aimé ; a expliqué ; est allé ; est parti ; a apporté ; sont retournés ; ont vu ; a avoué ; ont mangé

10 Les fêtes francophones
Francophone Celebrations

B. 1. La date de la fête nationale en France est le 14 juillet.

2. En 1798, les citoyens se sont rassemblés devant la prison de la Bastille.

3. Ils s'y sont rassemblés pour faire opposition au gouvernement, à la monarchie et à l'injustice.

4. La devise de la révolution française est « liberté, égalité, fraternité » – liberty, equality, fraternity.

C. 1. Le Carnaval de Québec a lieu dans la ville de Québec.

2. Le Carnaval est célébré au mois de janvier.

3. L'emblème du Carnaval de Québec est le Bonhomme Carnaval.

4. Le Bonhomme Carnaval habite au Palais de Glace ou on peut assister au spectacle d'ouverture et à la cérémonie de clôture.

D. spectacle ; à sucre ; Bonhomme ; Palais ; soccer ; table ; géante ; bal ; la Régence ; défilés

E. 1. Le Mardi Gras est une fête chrétienne.

2. On célèbre le Mardi Gras le quarante-septième jour avant Pâques.

3. Le capitaine mène la parade et les chars le suivent.

4. Le slogan de la célébration est « Laissez les bons temps rouler! ».

F. 1. faux   2. faux   3. vrai

4. faux   5. faux   6. faux

G. 1. C   2. B   3. A   4. B

11 La mode
Fashion

B. un short, des baskets et un tee-shirt ; des lunettes, des pantoufles et une robe

C. A : pantalons ; nylon

B : Elles portent des jupes en lin.

C : Marie porte un short en polyester.

D : Tu portes un tee-shirt en soie.

E : Elle porte une robe en nylon.

F : Il porte un pyjama en coton.

G : Vous portez un manteau en fourrure.

D. tailleur ; lin ; longues ; veste ; jupe ; rayures ; robe ; fleurs

E. 1. Le client cherche un costume en laine.

2. Il porte la taille 42 et parfois 44.

3. Il peut essayer le costume dans la cabine d'essayage.

F. 1. Elle a tenu la main de son amie.

2. Rémi a voulu le costume noir en coton.

3. Nous avons dit les secrets à nos amis.

4. Ils ont pu chercher la réponse.

5. J'ai été triste.

6. Tu as dû avoir faim!

G. 1. Hier tout le monde est allé au travail à vélo.

2. L'air a été beaucoup plus frais et il y a eu moins d'embouteillages.

3. Les oiseaux sont venus dans les rues

4. on a pu les entendre chanter

5. J'ai invité tout le monde à célébrer le jour de la terre le 22 avril l'année passée.

12 Au restaurant
At the Restaurant

A. 1. Je suis votre serveur ce soir. Voulez-vous commander?
    2. Je vais prendre la quiche Lorraine, merci.

B.
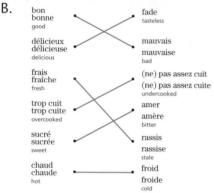

bon / bonne — good
délicieux / délicieuse — delicious
frais / fraîche — fresh
trop cuit / trop cuite — overcooked
sucré / sucrée — sweet
chaud / chaude — hot

fade — tasteless
mauvais / mauvaise — bad
(ne) pas assez cuit / (ne) pas assez cuite — undercooked
amer / amère — bitter
rassis / rassise — stale
froid / froide — cold

   1. Le pain est rassis.
   2. Les légumes ne sont pas assez cuits.
   3. Ma soupe est chaude.
   4. La salade est fade.

C. Simon : le dîner
    Jean et Danielle : le goûter
    Anaïs : le dessert
    Léa : le déjeuner
    Nicolas : le souper

D. 1. C   2. F   3. B
    4. E   5. A   6. D

E. 1. Léa prend du lait bien froid avec son bol de céréales.
    2. Simon aime beaucoup le dîner.
    3. Jean et Danielle prennent leurs goûters au parc.
    4. Pour le goûter Jean mange un petit pain au chocolat et Danielle mange des craquelins.
    5. Nicolas ajoute du gruyère à ses pâtes.
    6. Chez Anaïs on mange des fruits avec du yogourt, ou de la crème glacée comme dessert.

F. 1. Une tourtière est un pâté à la viande.
    2. Les ingrédients de la tourtière sont du bœuf, du porc et du poulet haché aussi que des pommes de terre.
    3. La tourtière vient du Québec. Elle est un plat québécois.
    4. Traditionnellement, on mange la tourtière à Noël et au Nouvel An.
    5. Lori aime manger sa tourtière avec du ketchup.
    6. Sa mère pense que ce n'est pas la bonne mannière de manger la tourtière, mais que chacun a sa manière différente de la manger.

G. 1. À l'origine, la bouillabaisse vient de Marseille. Il s'agit d'une soupe au poisson.
    2. On dit que c'est un plat des pêcheurs pauvres de la région méditerranée. Ils l'ont fait la première fois.
    3. La bouillabaise est du poisson qui est servi dans son bouillon sur des tranches de pain grillé.
    4. On peut la commander dans la plupart des restaurants marseillais.

13 La négation
The Negative

A. Nous ne connaissons pas la réponse.
    Je ne veux plus aller au parc.
    Aucun(e) élève n'a reçu un F.
    L'élève n'a reçu aucune note.
    Il n'est allé nulle part.
    Il n'a nul doute à ce sujet.
    Rien ne peut l'arrêter.
    Il ne veut rien.
    Personne ne peut l'aider.
    Il ne peut aider personne.

B. 1. ne ; pas
    2. Je ne prends jamais l'avion pour aller à l'école.
    3. Nous n'y sommes jamais allés la semaine dernière.
    4. Alice et son frère n'ont point raison.
    5. Ma mère ne fait plus mon lit pour moi.
    6. Lucie ne lui donne pas le dernier bonbon dans la boîte.

C. 1. Je ne veux aucun biscuit. ; biscuit (m.)
    2. Nous ne devons aller à aucune piscine. ; piscine (f.)
    3. Ils n'envoient aucun message à Marie. ; message (m.)
    4. Je ne vois aucun chien ici. ; chien (m.)
    5. Je n'ai aucun livre. ; livre (m.)

D. 1. Rien
    2. Personne n'a fait attention.
    3. Je n'ai donné le livre à personne.
    4. Nous ne voulons rien.
    5. Personne n'a peur.
    6. Tu ne parles de rien tout le temps.

7. Personne ne l'a vu arriver.

8. Rien n'est en panne.

E.

F. Nul / Aucun ; n ; Ne ; pas ; Ne ; pas ; n ; rien ; N ; pas ; personne ; ne ; aucune ; N ; jamais

14 Les pronoms d'objet
Object Pronouns

A. le ; la ; les ; les
lui ; lui ; leur ; leur
la ; lui

B. (Réponses suggérées)
1. un sandwich (C.O.D.)
2. un crayon (C.O.D.)
3. la télévision (C.O.D.)
4. un bol de lait (C.O.D.) ; mon chat (C.O.I.)
5. un message (C.O.D.) ; son amie (C.O.I.)
6. notre dessert (C.O.D.)
7. mon père (C.O.I.)
8. bonjour (C.O.D.) ; la boulangère (C.O.I.)

C. 1. Le Premier ministre l'annonce.
2. Je lui offre un verre d'eau.
3. Le pêcheur leur donne des poissons.
4. Je les ouvre.

D. 1. une question   2. des légumes
3. ma mère   4. Marie
5. ses cousins

E. 1. Jacques la leur avoue.
2. Vous le leur montrez.
3. Je les lui prête.

F. 1. Je l'ai choisi. ; Je ne l'ai pas choisi.
2. Je la veux pour ma sœur. ; Je ne la veux pas pour ma sœur.
3. Nous lui parlons de nos devoirs. ; Nous ne lui parlons pas de nos devoirs.
4. Vous la lui annoncez. ; Vous ne la lui annoncez pas.
5. Elle la lui raconte. ; Elle ne la lui raconte pas.
6. Le chat les lui donne. ; Le chat ne les lui donne pas.

G. 1. les   2. l'   3. l'
4. leur   5. leur   6. lui
7. y   8. l'   9. l'

10. 2. (F) ; 3. (M)
11. "A fait(e)" is past tense (passé composé). "A faite" agrees in gender and number with the direct object pronoun that precedes it.
12. "Dire" is not followed by "à" because the preposition "à" and the C.O.I. have been replaced by the pronoun "leur" which precedes the verb.

15 La phrase
The Sentence

B. 1. Arainne attend l'autobus devant sa maison.
2. Le chien adore manger des biscuits.
3. La femme à la robe à carreaux est la mère de Susie.
4. Le père du bébé le calme avec une chanson.
5. Ma sœur et moi disons toujours la vérité.
6. La classe de Mme Laurier va aller au parc aujourd'hui.
7. Tu choisis toujours des chemises à manches.
8. Nous tombons.
9. J'ai regardé la fille.
10. Les garçons sont allés à la pêche.

C. 1. simple
2. complexe ; qui enseigne le français
3. simple
4. simple
5. complexe ; qu'ils viennent d'acheter
6. complexe ; que je lui ai emprunté
7. complexe ; que j'ai toujours adorées

D. 1. Il a trouvé la poupée dont il a peur.
2. C'est le film policier dont Manon a parlé.
3. Ces médicaments dont Alice a besoin n'ont pas un bon goût.
4. Le chien dont la jambe est cassée est dans la piscine.
5. La fille achète le livre dont le professeur lui a parlé.

E. 1. Manon va au Canada où il y a beaucoup de parcs.
2. Nous marchons dans la rue où il y a beaucoup de magasins.
3. J'ai passé mes vacances dans le village où je suis né.
4. La plage où nous sommes allés est très belle.
5. La ville de Toronto où j'habite est très diverse.

Réponses Answers

F. 1. où 2. qui 3. que
4. où 5. dont 6. que
7. dont 8. qui 9. où

G. 1. C'est le restaurant où ils ont mangé.
2. L'animal dont ils ont peur a de grandes dents.
3. L'histoire qu'elle a écrite est très triste.
4. Nous faisons la vaisselle qui est dans l'évier.
5. Nous jouons au parc qui est près de chez nous / de la maison.

16 L'apparence
Appearance

A. 1. Alex 2. Sophie 3. Manon
4. Jacqueline 5. Jean

B. 1. maigre 2. grande 3. grand

C. 1. Il a des taches de rousseur sur son visage.
2. Sa moustache et sa barbe sont en désordre.
3. Ses lunettes de soleil sont à verres très foncés.

D. (Réponses suggérées)
A : Elle a les cheveux longs. Elle porte une frange, une robe rose et un queue de cheval.
B : Elle a les cheveux blonds. Elle porte un tee-shirt et elle est mince.
C : Il a les cheveux bruns et courts. Il a les yeux noirs et il porte un tee-shirt rouge.
D : Il porte un chapeau. Il a les yeux verts et les cheveux roux.

E. 1. ressemble ; se ressemblent
2. Ses taches de rousseur ressemblent aux étoiles. ; Ses taches de rousseur et les étoiles se ressemblent.
3. Le nez de mon professeur ressemble à celui de mon oncle. ; Le nez de mon professeur et celui de mon oncle se ressemblent.
4. La coiffure de Sarah ressemble à celle de sa sœur. ; La coiffure de Sarah et celle de sa sœur se ressemblent.

F. 1. grand 2. barbe 3. mince
4. frange 5. roux 6. lunettes
7. grain de beauté 8. gros

G. 1. Charlotte ; plu
2. Le teint bronzé de son ami plaît à elle. ; Il lui plaît.
3. Ses yeux verts plaisent à sa mère. ; Ils lui plaisent.
4. La fille aux cheveux roux plaît à Paul. ; Elle lui plaît.
5. Les cheveux bouclés plaisent à Marie et à sa sœur. ; Ils leur plaisent.
6. Le français plaît à nous. ; Il nous plaît.

La révision 2
Revision 2

A. A : allés ; Carnaval ; ont ; Bonhomme
B : tailleur ; talons hauts ; lui ; à fleurs
C : est ; fait : l'oignon
D : au ; commandé ; marseillais
E : peuvent ; personne ; nagé ; jamais
F : biscuits ; est retourné ; lui ; rien ; les
G : où ; que
H : qui ; est parti

B. 1. faux 2. vrai 3. faux
4. vrai 5. vrai

C. 1. semaine dernière
2. sont allés
3. leur 4. lac
5. dont 6. ont acheté
7. carte 8. ont commencé
9. leur 10. vêtements
11. ont porté 12. manteaux d'hiver
13. bottes 14. qui
15. le 16. qui
17. lui 18. ne
19. rien 20. personne
21. qui 22. Tu dois

D. 2 ; 4 ; 6 ; 3 ; 5 ; 1

E. A : frais.
B : nationale.
C : en soie à pois.
D : allés

F. K ; H ; F ; A ; E ; G ;
B ; C ; I ; J ; D

G. 1. à carreaux 2. personne
3. les chaussettes 4. prendre
5. une marche 6. joli
7. leur 8. ou

H. 1. une fête 2. une attente
3. la natation 4. les boucles
5. grand(e) 6. une célébration
7. une révolution 8. la pluie
9. la citoyenneté 10. une question

220 **Complete FrenchSmart** · Grade 8

Histoire 1
Les cadeaux des lutins

p. 128 Est-ce que tu te rappelles?

A : danser   B : se reposer
C : un tas de charbon   D : obtenir
E : avidité   F : or

A ; C ; B ; F ; D ; E

p. 129 Corrige les erreurs

L'orfèvre et le tailleur s'est réveillés le lendemain matin. *(è; se sont)*

Ils ont trouver que le charbon dans leurs poches s'était *(é; s; t)*

transformé en or, et qu'avaient repoussé leurs cheveux et leur barbe. *(x)*

L'orfèvre avide as dit qu'il voulaient plus de-or et allaient obtenir plus de *(t; d'; s)*

charbon. Mais le tailleur a dis à son amie qu'il allais l'attendre ici. Plus *(t; t; c)*

tard, l'orfèvre êtes retourné au sommet de la colline et il s'est fais couper *(est; t)*

les cheveux et la barbe par le vieux homme. *(s; il)*

p. 130 Conjuguons ensemble

obtiens ; obtiens ; obtient ; obtient ; obtient ;
obtenons ; obtenez ; obtiennent ; obtiennent
tiens ; tiens ; tient ; tient ; tient ; tenons ; tenez ;
tiennent ; tiennent

1. ils tiennent   2. nous obtenons
3. ils/elles obtiennent 4. je tiens
5. vous obtenez   6. elles tiennent
7. on tient   8. elle obtient
9. obtiennent

p. 131 Conjuguons ensemble

1. obtenez
2. obtenons
3. tiennent
4. obtiens
5. tient
6. tiens
7. obtiens

p. 132 Résumé de l'histoire

(Réponse individuelle)

Histoire 2
Pal, l'ours polaire

p. 146 Est-ce que tu te rappelles?

A : mousse   B : s'inquiète
C : quitter   D : tanière
E : Arctique   F : glisser

E ; D ; C ; F ; A ; B

p. 147 Corrige les erreurs

Pal est un ourson polair qui habites dans une tanière avec son mère et *(e; a)*

son frère dans l'Arctique. Sa mère ont donné naissance à Pal et à son *(a)*

frère dans la taniere qu'elle a construite l'année dernière. Pal et son frère *(è; è)*

sont nes avec des yeux fermés et des poils extrêmement fins. Ils se nourrit *(é; x; ê; ssent)*

seulement du lait de leur mère depuis leur naissance. Au printemps, leur

mère leur présentent le monde extérieur. En hiver, ils s'amusons et glissent *(ent)*

sur le neige grâce a la chaleur de leur corps. Pal et sa famille aime *(a; à; nt)*

mangé des animaux marins. Quand il es difficile de chasser, ils mange *(er; t; nt)*

des feuilles, de la mousse et de baies. Après deux ans et demi, Pal et son *(s)*

frère grandiront et seron prêts à vivre seuls. *(t)*

p. 148 Conjuguons ensemble

protège ; protèges ; protège ; protège ; protège ;
protégeons ; protégez ; protègent ; protègent
m'inquiète ; t'inquiètes ; s'inquiète ; s'inquiète ;
s'inquiète ; s'inquiètent ; s'inquiètent

1. nous nous inquiétons 2. elle protège
3. elles s'inquiètent   4. vous protégez
5. ils s'inquiètent   6. on protège
7. protège ; s'inquiète

p. 149 Conjuguons ensemble

1. protège
2. s'inquiètent
3. protège
4. nous inquiétons
5. protège
6. s'inquiète
7. s'inquiètent
8. protège

p. 150 Résumé de l'histoire

(Réponse individuelle)

Réponses Answers

Histoire 3
Le tailleur de pierre

p. 164 Est-ce que tu te rappelles?

A : calèche   B : taillait
C : esprit   D : palais
E : brillant   F : méchant

B ; C ; A ; D ; E ; F

p. 165 Corrige les erreurs

Le tailleur de pierre étais heureux d'être si puissant. Mais peut de temps

après, un nuage grise sont venu se reposer devant lui. Celui-là ont ombré

tous les choses au-dessous et fait perdre la puissance par la soleil.

« Le nuage es plus puissante que moi. », ai-t-il pensé de faéon

désagréable. Alors, il a dis : « Je souhaites être nuage! »

Il est devenue un nuage mechant et furieux. Il a plus si fort que les villages

et les rizières sont été inondés.

p. 166 Conjuguons ensemble

découvre ; découvres ; découvre ; découvre ;
découvre ; découvrons ; découvrez ; découvrent ;
découvrent
répète ; répètes ; répète ; répète ; répète ;
répétons ; répétez ; répètent ; répètent

1. nous découvrons
2. elle découvre
3. il répète
4. ils répètent
5. on découvre
6. vous répétez
7. découvrent

p. 167 Conjuguons ensemble

1. répète
2. découvre
3. découvre
4. découvrent
5. répète
6. répétez
7. répétons
8. répète
9. découvrent

p. 168 Résumé de l'histoire
(Réponse individuelle)

Histoire 4
Les lamas et l'inondation

p. 182 Est-ce que tu te rappelles?

A : prévenir   B : quitté
C : bergers   D : broutaient
E : inondation   F : accompagné

C ; D ; E ; A ; F ; B

p. 183 Corrige les erreurs

Il était une fois deux berger. Ils s'occupait de beaucoup de lamas dans

leur village. Tous les jours, leurs lamas broutaient de l'herbe frais dans les

montagnes. Un soir, les lamas ont arrêter de manger et regardé ver le

ciel. Les etoiles leur ont dit : « Il y aura une inondation dangereux. »

Le lendemain tôt, les bergers avez emporté leur affairs avec leur famille.

Ensuite, ils ont essayé de prévenir les villageoi du danger, mais ils n'ont pas

cré les bergers. Les bergers se sont installé et ont établi leur foyers dans

les grottes des montagnes. Il pleuvais sans cesse et le village a été

inondé. Après l'inondation, les bergers sont quitté les lamas et sont

retournés au village.

p. 184 Conjuguons ensemble

m'occupe ; t'occupes ; s'occupe ; s'occupe ;
s'occupe ; nous occupons ; vous occupez ;
s'occupent ; s'occupent
ris ; ris ; rit ; rit ; rit ; rions ; riez ; rient ; rient

1. il rit
2. elle s'occupe
3. nous rions
4. on s'occupe
5. ils rient
6. il s'occupe
7. je m'occupe
8. vous riez
9. rient

p. 185 Conjuguons ensemble

1. s'occupent
2. rient
3. rient
4. m'occupe
5. vous occupez
6. nous occupons
7. riez ; ris
8. s'occupe
9. rient

p. 186 Résumé de l'histoire
(Réponse individuelle)

Histoire 5
Le sac d'argent

p. 200   Est-ce que tu te rappelles?

A : géant   B : bois
C : hutte   D : or
E : sac   F : bœuf ; hache

C ; B ; A ; E ; D ; F

p. 201   À l'écrit

A : La femme aidait son mari à ramasser le bois.
B : Le fagot de bois qu'ils avaient mis dehors a aussi disparu.
C : Je veux vous aider parce que vous êtes honnête et travailleur.
D : Nous avons épargné assez d'argent pour acheter un bœuf.
E : Ils n'achetaient que de la nourriture dont ils avaient besoin.

p. 202   Conjuguons ensemble

construis ; construis ; construit ; construit ;
construit ; construisons ; construisez ; construisent ;
construisent

achète ; achètes ; achète ; achète ; achète ;
achetons ; achetez ; achètent ; achètent

1. tu achètes   2. il construit
3. ils construisent   4. ils achètent
5. elle achète   6. nous achetons
7. construis

p. 203   Conjuguons ensemble

1. construisent
2. acheter/construire
3. achetez
4. construit
5. construit
6. construisons
7. Achetez
8. construisent
9. achètent

p. 204   Résumé de l'histoire

(Réponse individuelle)

Complete FrenchSmart · Grade 8